服务共创价值的
形成机理及其效应研究

FUWU GONGCHUANG JIAZHI DE
XINGCHENG JILI JI QI XIAOYING YANJIU

谭国威　著

知识产权出版社
全国百佳图书出版单位
——北京——

图书在版编目（CIP）数据

服务共创价值的形成机理及其效应研究 / 谭国威著 . —北京：知识产权出版社，2023.12

ISBN 978-7-5130-9025-4

Ⅰ.①服… Ⅱ.①谭… Ⅲ.①服务业—企业管理—研究 Ⅳ.① F719

中国国家版本馆 CIP 数据核字（2023）第 228222 号

内容提要

随着互联网的应用和信息技术的发展，传统的企业生产方式、销售方式逐渐过渡为企业与消费者合作完成新产品的研发、生产和营销环节，这种趋势正挑战着传统的企业管理理念。本书从顾客能力和企业特质的角度探讨共创价值的形成机理，并对共创价值的效应进行分析，进一步丰富和完善共创价值的相关理论，对服务企业的管理实践者具有较为重要的指导意义。

责任编辑：张　珑　　执行编辑：苑　菲　　责任印制：孙婷婷

服务共创价值的形成机理及其效应研究
FUWU GONGCHUANG JIAZHI DE XINGCHENG JILI JI QI XIAOYING YANJIU

谭国威　著

出版发行：知识产权出版社 有限责任公司	网　　址：http://www.ipph.cn
电　　话：010-82004826	http://www.laichushu.com
社　　址：北京市海淀区气象路 50 号院	邮　　编：100081
责编电话：010-82000860 转 8574	责编邮箱：laichushu@cnipr.com
发行电话：010-82000860 转 8101	发行传真：010-82000893
印　　刷：北京建宏印刷有限公司	经　　销：新华书店、各大网上书店及相关专业书店
开　　本：720mm×1000mm　1/16	印　　张：14.5
版　　次：2023 年 12 月第 1 版	印　　次：2023 年 12 月第 1 次印刷
字　　数：214 千字	定　　价：68.00 元
ISBN 978-7-5130-9025-4	

出版权专有　侵权必究

如有印装质量问题，本社负责调换。

前　言

随着经济快速发展和社会商业环境的不断变化，服务企业在经济结构中占据的比例越来越大，扮演的角色也越来越重要。顾客已经不再是传统的、等待被营销的对象，而是服务企业可以合作的重要生产资源。能否有效地与顾客进行合作，并充分利用顾客自身拥有的消费潜力来一起创造价值，是服务业是否成功的关键要素。在传统经济状态中，顾客往往只能被动地参与服务企业提供产品或者服务的过程。在这种形势下，提供产品或者服务的企业往往会具有主导作用，顾客只能被动地接受服务或者企业提供的产品。顾客将在服务企业的生产过程中与企业展开不同程度的沟通与合作，他们给服务企业带来了更多的生产建议和影响。这种变化表明企业与顾客的关系已经发生了重大变化，不再是传统的企业规模化生产产品，顾客被动地接受产品，而是企业与顾客可进行信息交流、资源共享，从而创造出符合顾客独特需求的产品和服务。

价值创造是服务企业能够取得成功的关键要素。传统上，价值创造发生在企业内部，其基础是企业的供应与顾客的需求相匹配。随着互联网应用和信息技术的发展，传统的企业生产方式、销售方式逐渐过渡为企业与顾客之间合作完成新产品的研发、生产和营销环节，这种趋势正挑战传统的企业管理理念。顾客在生产和消费活动中的角色正在发生深刻的转变，他们已经成为服务企业构建竞争优势的新的来源因素，成为价值创造的重要组成部分。因而，共创价值成为市场营销理论和实践的重要主题。然而，对于共创价值的研究目前尚未成熟，还存在一些问题需要进一步思考与研究。

（1）虽然部分学者从不同的服务行业中定义了共创价值的概念，并给出共创价值的内涵和概念维度，但针对顾客参与如何影响共创价值形成，以及顾客参与通过哪些中介变量作用于共创价值形成，目前缺少系统性的研究。服务企业通过对共创价值形成过程的认识，可以对顾客进行有效管理，进而引导顾客在参与服务企业消费过程中，为企业创造更多的价值。

（2）共创价值是组织层次的服务企业与个体层次的顾客之间相互交流合作的结果，如何从企业特质和顾客能力的角度探讨共创价值的形成机理，以及如何反映他们之间的内在关系，是未来的重点研究方向，也是本书的重点研究问题。

（3）在已有文献研究中，学者们更倾向于将共创价值作为一种因变量（结果变量）进行分析，这种研究方法存在一定的局限性，往往忽视了共创价值对诸如顾客满意和员工工作满意度影响的研究。

针对上述问题，本书主要完成以下几方面的工作，从顾客能力和企业特质的角度探讨共创价值的形成机理，并对共创价值的效应进行分析，从而进一步丰富和完善共创价值的相关理论。

（1）从顾客能力的角度探讨共创价值的形成机理。通过对380名顾客在接受服务过程中的问卷调查，运用结构方程模型进行实证分析。结果表明，顾客能力正向影响顾客参与，顾客参与对共创价值具有促进作用，顾客参与对顾客信任具有促进作用，顾客信任对共创价值具有促进作用，顾客偏好在顾客能力影响顾客参与的过程中的调节作用显著，顾客信任在顾客参与影响共创价值的过程中起部分中介作用。

（2）从顾客能力和企业特质多层次视角探讨共创价值的形成机理。通过对38家服务企业，369名服务企业中层经理、主管及企业员工和1140名顾客在接受服务过程中的问卷调查，运用结构方程模型和多层次线性模型进行实证分析。结果表明，顾客能力正向影响顾客参与，企业特质正向影响顾客参与，顾客参与对共创价值具有促进作用，顾客参与对顾客信任具有促进作用，顾客信任对共创价值具有促进作用，顾客偏好和服务氛围在顾客能力和企业特质影响顾客参与的过程中的调节作用显著，顾客信任在顾客参与影响共创价值的过程中起部分中介作用。

（3）研究共创价值如何影响顾客满意和员工工作满意度，进而如何作用于顾客忠诚和员工工作绩效水平。通过对49家服务企业、427名企业员工和1218名顾客在接受服务过程中的问卷调查，运用结构方程模型和多层次线性模型进行实证分析。结果表明，共创价值正向影响顾客满意，并对顾客满意具有促进作用；顾客满意对顾客忠诚具有促进作用；共创价值对员工工作满意度具有促进作用；员工工作满意度对员工工作绩效具有促进作用；顾客满意正向影响员工工作绩效，并对员工工作绩效具有促进作用；员工工作满意度正向影响顾客忠诚，并对顾客忠诚具有促进作用。最后讨论了该研究的管理实践意义和未来的研究方向。

目 录

第1章 绪 论 1
    1.1 研究背景 1
    1.2 问题的提出 4
    1.3 研究目的与研究意义 8
    1.4 研究思路与方法 11
    1.5 本书结构 14
    1.6 创新点 15

第2章 文献综述 16
    2.1 顾客参与的研究 18
    2.2 顾客能力和企业特质 20
    2.3 共创价值的研究 23
    2.4 理论基础 26
    2.5 相关研究评述 32
    2.6 本章小结 36

第3章 顾客能力对共创价值的作用机制 37
    3.1 假设提出 37

3.2 研究设计与数据处理 ··· 45
3.3 假设检验 ··· 57
3.4 本章小结 ··· 77

第 4 章 企业特质对共创价值的跨层次作用机制 ························· 78
4.1 企业特质测量 ··· 78
4.2 理论模型与假设提出 ··· 96
4.3 研究设计与数据处理 ··· 106
4.4 假设检验 ··· 119
4.5 本章小结 ··· 151

第 5 章 共创价值对顾客忠诚和员工工作绩效的影响 ··················· 153
5.1 假设提出 ··· 153
5.2 研究设计与数据处理 ··· 158
5.3 假设检验 ··· 166
5.4 本章小结 ··· 171

第 6 章 结论与展望 ·· 173
6.1 研究结论 ··· 173
6.2 研究贡献 ··· 175
6.3 管理启示 ··· 176
6.4 研究局限性与未来研究方向 ······································ 178

参考文献 ·· 180

附　录

附录 A　关于顾客能力对顾客参与影响的调查问卷 ·················· 201

附录 B　企业特质量表开发开放式问卷调查 ·························· 205

附录 C　企业特质测量初始问卷 ·· 207

附录 D　关于顾客能力和企业特质对顾客参与影响的调查问卷
　　　　（顾客版） ·· 210

附录 E　关于顾客能力和企业特质对顾客参与影响的调查问卷
　　　　（企业版） ·· 214

附录 F　关于共创价值对顾客忠诚和员工工作绩效影响的调查问卷
　　　　（顾客版） ·· 217

附录 G　关于共创价值对顾客忠诚和员工工作绩效影响的调查问卷
　　　　（企业版） ·· 220

第1章 绪 论

1.1 研究背景

1.1.1 服务经济成为经济增长的新引擎

在科技进步和经济全球化的驱动下,世界服务经济发展日新月异,发展模式变化深刻,发展空间不断拓展,国际分工格局深度调整,市场竞争日趋激烈。新一代信息、人工智能等技术的不断突破和广泛应用,加速服务内容、业态和商业模式的创新,并推动服务网络化、智慧化、平台化,知识密集型服务业比重快速提升。服务经济转型升级引发新一轮产业变革和消费革命,产业边界日渐模糊,融合发展态势更加明显,个性化、体验式、互动式等服务消费蓬勃兴起。服务全球化成为经济全球化进入新阶段的鲜明特征。服务业成为国际产业转移热点,制造业跨国布局带动生产性服务业全球化发展,国际化都市、跨国公司在全球范围内整合各类要素,自然人跨境流动日益便利,带动全球服务投资贸易快速增长。信息化大大提升服务可贸易性,数字服务贸易持续迅猛增长。

20世纪七八十年代以来,全球经济结构日益呈现服务经济主导的发展趋势,高收入国家无一例外地经历了向以服务经济为主转型的结构性变革。当今世界,服务经济内涵更加丰富、技术更加先进、业态更加多样、模式不断创新,在产业升级中的作用更加突出,已经成为支撑发展的主要动力、价值创造的重要源泉和国际竞争的主战场。我国正处于实现"两个一百年"奋斗目标承上启下的历史阶段,处于从上中等收入国家向高收入国家跨越的关键时期。经济发展进入新常态,速度变化、结构优化、动能转换的特征更加明显,需要以服务经济整体提升为重点，构建现代产业新体系，增强经济发展新动能，实现经济保持中高速增长、迈向中高端水平。

1.1.2 服务业生产消费模式的转变

顾客已经成为服务企业生产经营活动的积极参与者，企业与顾客不仅是交易关系，还一起生产产品并创造价值[1-4]。作为合作者，顾客不仅会影响企业的生产效率和服务质量，还会影响顾客自己与其他顾客对服务的评价。服务企业将居于社会经济发展的主导地位，不断扮演越来越重要的角色。服务企业是为顾客服务，使顾客生活上得到方便的行业，如餐饮业、旅游业、美容美发业、修理生活日用品的行业等。服务企业通过生产和提供服务为顾客提供一个与服务企业交流的平台，服务企业为顾客提供产品或服务，并与顾客建立不同类型的沟通方式[5]。服务企业与顾客及员工与顾客之间的互动和合作比过去更容易且更加频繁[6]。面对新兴的市场形态，服务企业不能再忽视利用顾客进行沟通和共同创造价值的机会[7]。服务企业在改善民生、促进经济结构转换与改革、优化资源配置等方面具有重要的作用。服务业与顾客的生活息息相关，如何吸引更多潜在顾客并尽可能留住原有顾客，让顾客创造更多的价值，是服务业面临的一个重要问题。

服务业中，顾客与员工的交流和沟通及企业服务环境（企业文化）对提升企业服务质量、实现企业目标具有重要的影响作用。企业不再是价值的唯一创造者，顾客在创造价值的活动中扮演着越来越重要的角色，服务企业和顾客都在不断地创新和参与价值创造活动[4,8]。目前，"共创价值"概念已被企业界和学术界普遍接受。顾客不再被动地接受产品和服务，而是参与服务企业的商业运作过程中，在加强创新和创造价值中发挥核心作用。企业通过支持和授权顾客在消费过程中成为创造价值的合作者，积极寻求互惠互利的关系。企业和顾客之间的个性化交互已经成为服务企业价值创造的基础[9,10]。顾客能力和企业特质及服务环境在服务企业与顾客价值共创中发挥着越来越重要的作用[11-14]。

文献研究表明，企业本身的属性及服务环境会对顾客公民行为产生影响，进而会对顾客参与创造价值的活动产生作用[15-17]。

1.1.3 顾客能力和企业特质影响共创价值的产生

顾客能力是指顾客所拥有的知识、技能、学习意愿及参与对话的能力。顾客能力对企业的价值不仅直接表现在顾客购买产品的总额，还在于其为企业提供强大的信息与知识价值。关系营销强调企业不只是追求单次交易所产生的顾客价值，而是要通过建立、维持和发展与顾客的长期关系来获得最大的顾客终身价值。顾客能力不仅能为企业创造超过同业平均利润水平的超值利润，为企业打造长期性的竞争优势，而且这种价值性又往往难以被他人所察觉与评估。企业拥有顾客能力是一种比核心竞争能力更具基础性和核心性的能力，它能有力地支持企业延伸到更有生命力的新事业中去。顾客能力的最大价值在于孕育巨大商机的多方位顾客需求。顾客能力具体体现在顾客具有的知识能力、创新能力和沟通能力等几个方面，顾客能力的差异可以带来顾客共创价值水平上的差异[11]。

企业特质指的是组织固有的属性，可以对处于该组织环境下的个体产生影响作用。例如，企业由于长期经营所具有的声望，会对顾客在享受服务企业提供的服务产品时的行为产生一定的影响。具有高名誉、声望的企业，往往会对顾客公民行为产生积极的正向的促进作用，反之名誉、声望较差的企业将会抑制顾客公民行为。企业特质是企业在长期经营的过程中逐步产生的，并会对顾客在享受服务企业提供的服务产品时，对顾客的心理和消费行为产生潜移默化的影响[14]。

国内外学者有关共创价值的研究正处于不断发展的状态[18-19]，主要集中在对共创价值的内涵界定、对顾客参与共创价值的前因后果分析等方面的研究[20-21]。关于顾客参与影响共创价值的已有研究中缺乏对中间变量影响的论证[22-26]，多数研究都没有探讨共创价值形成的过程和顾客参与共创价值的形成机理[27-28]，以及顾客参与怎样通过某些中介变量来影响共创价值结果[29-32]。更鲜有学者从组织层次和个体层次分析共创价值的形成过程。价值创造的过程是顾客与服务企业在不断交流和合作过程中产生的，是个体层次的顾客与组织层次的企业之间的互动[33]。

1.2 问题的提出

美国营销科学学会等机构将共创价值列为市场营销学科当前和未来的研究热点问题[34]。对于共创价值的研究目前尚未成熟，已有研究中学者们对共创价值的研究取得了一些进展，但已有的研究对于共创价值的机理缺乏更加深层次的分析与探讨。对于顾客参与影响共创价值的中间过程缺少进一步的分析。顾客参与对共创价值的作用不仅包含顾客参与的直接效应，还包括顾客参与对共创价值影响的间接效应。文献中关于共创价值的研究，主要集中在从顾客单一层次研究共创价值，很少有学者从组织层次和个体层次研究共创价值。已有研究表明，顾客参与行为是个体层次的顾客与组织层次的企业之间相互交流沟通的过程，有必要从顾客和企业跨层次的角度研究共创价值。另外，已有研究多将共创价值作为一种被解释变量（状态变量），少有学者对共创价值的效应进行分析。共创价值前因变量不仅要从顾客的角度进行分析，组织层次的企业特质也往往会对共创价值产生重要影响，因此从顾客能力和企业特质多层次的角度探讨共创价值的形成机理及其效应研究显得十分必要。针对目前已有文献中关于共创价值研究中存在的局限性，本书将对以下几个问题进行研究，以丰富共创价值的理论体系。

1.2.1 顾客能力对共创价值的作用

根据服务主导逻辑，顾客能力被认为是企业创新的来源。服务企业通过有效地与顾客沟通交流，可以充分挖掘顾客潜力，并为企业带来收益。在以顾客为导向的市场经济中，服务企业只有有效利用顾客资源，才能在激烈的市场竞争环境中取得优势。在已有研究中，虽然部分学者试图对顾客能力的概念和维度进行探讨，并给出了相关的概念界定，但是对顾客能力如何影响顾客参与进而对共创价值产生作用的机理缺少更加深入的探讨和分析。

顾客能力作为顾客本身所拥有的一种特有资源，在服务企业的管理实践中并未引起顾客和服务企业双方的重视。一方面，对于顾客来讲，由于没有充分认识本身具有的能力和潜力，因而没有在与服务企业的交互过程中发挥其应有的潜能；另一方面，对于服务企业来讲，管理者并未充分认识利用顾客参与共创价值的潜力，忽视了对顾客能力的有效利用，没有准确定位顾客在与服务企业交互过程中的角色[35]。

顾客参与共创价值已成为市场营销学研究的主要问题之一。服务企业通过对共创价值形成过程的认识，可以对顾客进行有效的管理，进而引导顾客在参与服务企业消费的过程中，为企业创造更多的价值[36]。研究文献表明，学者对共创价值的研究多数集中在对共创价值的概念和维度进行界定，从顾客角度研究共创价值的相关文献比较缺乏。在顾客参与共创价值的过程中，仍存在着一些问题需要解决。共创价值的产生往往伴随着顾客参与行为的发生，已有研究更多的是分析顾客参与的影响要素如何对共创价值产生作用，将分析的重点放在对顾客参与的要素构成上，并且仅仅考虑了顾客参与对共创价值的直接作用效果，忽视了对共创价值形成机理的进一步探讨。

消费者行为理论表明，顾客越是认可参与共创价值对自身有利的，或是参与共创价值能有效满足其体验欲望的，其对参与共创价值活动的偏好需求越大，将越积极地投入自身的知识和创造力，为共创价值活动出谋划策，主动交流有关产品或服务创新的信息[37]。顾客的参与动机是顾客参与共创价值的前提，顾客自身的偏好需求会强化顾客的参与行为，同时会有助于顾客将自身资源投入到共创价值中。顾客偏好如何影响顾客能力对顾客参与的作用，进而对共创价值产生影响，目前在共创价值理论研究上还处于空白。研究顾客偏好对顾客能力影响顾客参与的调节效应,具有重要的理论意义。同时对于服务企业来讲,在对筛选重要顾客,引导顾客合理消费方面具有重要的实践指导价值[38]。

社会交换理论表明,人际交往过程中的行为可以分为两种:社会交换与经济交换。经济交换是属于锱铢必较式的利益计算交易关系。社会交换关系是付出方不以眼前利益得失为主要考虑因素,而是以预期接收方未来一段时间的回报为依据。社会交换是立足于长期性的回报与信任,建立的人际交往行为关系。研究文献表明,当服务企业与顾客具有彼此信任的基础时,顾客会表现出积极的顾客公民行为。顾客公民行为是顾客以信任商家为前提,自发地作出有利于商家组织目标达成的行为[39]。由此笔者推断出,在顾客参与对共创价值的作用过程中,顾客对服务企业的信任程度会影响顾客参与共创价值的结果,相较于使顾客具有低信任感的服务企业,让顾客具有高信任感的服务企业会促使顾客做出较为积极的顾客参与行为。研究顾客信任对顾客参与影响共创价值的中介作用将是本书中一个重要的研究问题。

1.2.2　企业特质对共创价值的跨层次作用

企业特质作为影响共创价值的重要因素,已被越来越多的研究者所关注和接受[38]。作为企业文化的基本表征、基本构成单元,企业特质是具体的、生动的,是企业社会文化、企业民族文化、企业行业文化的基本显性标志。企业由于长期经营所具有的声望,会对顾客在享受服务企业提供的服务产品时的行为产生一定的影响。顾客对具有高名誉声望的企业更加容易产生好感,会让顾客更加全身心地投入消费活动中,从而会对其顾客参与行为产生积极的正向引导作用,反之将会反向影响其顾客参与行为[40]。共创价值是在接受服务的顾客与服务企业的员工不断交流和沟通的过程中产生的。共创价值的产生不是单一个体层次的顾客作用的结果,而是组织层次的服务企业和个体层次的顾客共同作用的结果。如果仅仅考虑单一层次的顾客或者服务企业,对共创价值的研究结果往往具有片面性。在已有的共创价值相关研究文献中,缺少同时考虑组织层次的服务企业特质和个体层次的顾客能力对共创价值影响的相关研究。

研究文献发现，有学者在探讨顾客满意对顾客忠诚的作用时，指出服务氛围可以被解释为顾客消费过程中的场所或行动平台中的环境要素，通过对服务氛围的改变，企业可以持续管理看似无法控制的顾客[41-43]。服务企业可以通过改变服务氛围来影响顾客参与行为，进而改变顾客的决策行为。服务氛围可以为顾客消费提供满意的场所，企业可以通过改善服务氛围吸引顾客进行消费[42]。由此推断，作为组织层次中共创价值的另一个重要影响因素，服务氛围可以为顾客消费提供满意的场所，企业可以通过优化服务氛围引导顾客进行消费，从而影响顾客参与价值共创行为。从组织层次的服务企业来讲，服务企业营造一个开放的服务氛围可以鼓励顾客消费创造价值，企业可以有效地应用和增强服务氛围来提高顾客参与共创价值的积极性。通过共同创造价值，企业能够将其产品融入顾客生活之中。在服务企业品牌的构建中，服务氛围具有丰富的含义，可以帮助服务企业理解企业文化是什么及怎样才能有利于顾客与服务企业进行互动[44,45]。本书探讨服务氛围对顾客参与共创价值活动的影响，研究服务氛围对顾客能力和企业特质影响顾客参与关系的调节效应，填补理论研究上的空白。

1.2.3 服务共创价值的效应

服务企业的生产活动无法与顾客的消费活动完全剥离开来，顾客要融入产品或者服务交付的过程中[46,47]。随着服务企业在国民经济中发挥着越来越重要的作用，共创价值被越来越多的企业管理实践者和科研人员所关注。目前，有关共创价值的研究文献中，学者们更倾向于将共创价值作为一种解释变量进行分析，缺少对共创价值效应的分析[48-51]。如何理解共创价值的创造过程，以及如何认识共创价值对顾客和服务企业中员工的影响将是未来对共创价值效应分析的一个重要研究问题。

共创价值是企业和顾客共同创造的,这对顾客满意有更深一层的影响。一方面,作为价值共同创造者,顾客参与价值的生成过程,对共创价值体验更为深刻、直接和细致,顾客通过参与共创价值提高其对价值的感知,进而也增加了顾客满意度;另一方面,顾客对价值生成过程和结果具有的控制感和影响力增加了其愉悦感和满意度。根据社会心理学,当参与者在互动中感觉自主、胜任和有关联时,社会互动便令人愉快[52-55]。顾客认为自己在价值创造中有所贡献,并能体验到对共创价值的影响力,会增加对产品或服务的正向评价,从而提高顾客满意度[56-59]。如何定量分析共创价值对个体层次的顾客满意产生何种影响将是本书的一个重要研究问题。

共创价值产生于服务企业员工和顾客之间的互动过程中,服务企业的员工是直接与顾客发生互动关系的作用对象[60]。已有文献表明,顾客在与服务企业员工发生互动的过程中产生共创价值,顾客情感会作用于服务企业员工,服务企业员工情感也会影响顾客[61]。社会互动理论认为,价值创造依赖参与主体的交互作用及由交互作用所形成的社会环境。在共创价值中,企业和顾客各自提供了资源,他们提供的资源形态有所不同,通过交互作用,服务企业和顾客利用各自的资源优势,实现价值创造和增值[62-64]。由此可以推断出,根据社会互动理论,顾客在参与共创价值的活动中产生的愉悦感和满意度也会作用于企业员工。如何定量分析共创价值对组织层次的员工工作满意度产生何种影响将是本书的又一个重要研究问题。

1.3 研究目的与研究意义

1.3.1 研究目的

针对上述顾客能力和企业特质对共创价值的影响机理及其效应分析中存在的研究问题,本书将以餐饮业为研究背景,从跨层次的角度探讨顾客能力和企业特质对共创价值的影响机制及共创价值的效应，以深化共创价值的理论体系，为服务业的管理实践提供理论指导。

（1）探讨顾客能力对共创价值的作用路径。研究顾客能力对顾客参与的影响，并探讨顾客偏好在此过程中的调节作用；研究顾客参与对共创价值的作用，探讨顾客信任在此过程中的中介作用。

（2）探讨企业特质对共创价值的跨层次作用机制。在顾客能力对共创价值作用路径的基础之上，进一步研究企业特质对共创价值的跨层次作用机制。探讨企业特质和顾客能力对顾客参与的影响，并分析顾客偏好和服务氛围在此过程中的调节作用；探讨顾客参与对共创价值的作用，分析顾客信任在此过程中的中介作用。

（3）探讨共创价值对顾客忠诚的作用和共创价值对员工工作绩效的跨层次作用。分别探讨共创价值对顾客满意的影响和共创价值对员工工作满意度的影响；分析顾客满意对顾客忠诚的影响及员工工作满意度对员工工作绩效的影响；研究顾客满意对员工工作绩效跨层次影响及员工工作满意度对顾客忠诚的跨层次影响。

1.3.2 研究意义

"共创价值"已经成为实现企业价值创造目标新的理论依据。企业不再是价值的唯一创造者，顾客在创造价值活动中扮演越来越重要的角色，企业和顾客都在不断地创新和参与价值创造活动。

1.3.2.1 理论意义

从顾客能力的角度分析共创价值的形成机理，并分析顾客偏好在顾客能力影响顾客参与过程中的调节作用，以及顾客信任在顾客参与影响共创价值过程中的中介作用，进一步丰富和完善共创价值的相关理论。而目前研究中，局限于共创价值的相关概念界定及影响因素的探索上，对于共创价值的形成机理缺少深入的探讨与分析。本书为完善共创价值的形成机理提供了理论基础。

从顾客能力和企业特质多层次的角度，对共创价值进行研究，可以弥补单一从顾客能力角度进行研究的不足。共创价值是个体层次的顾客与组织层次的服务企业在相互交流与合作的过程之中产生的。过去的研究主要从单一顾客能力的角度进行分析，本书从顾客能力和企业特质多角度对共创价值进行研究，不仅可以弥补从单一层次研究共创价值的不足，还对共创价值的理论进行完善和补充。

考虑到服务氛围跨层次对企业特质影响顾客参与的调节作用，以及顾客偏好对企业特质影响共创价值的调节作用，进一步揭示共创价值形成机理。从顾客能力和企业特质多层次的角度，分析顾客能力和企业特质影响顾客参与，进而作用于共创价值的过程具有重要的理论意义。探讨跨层次之间的调节效应，丰富了共创价值的理论意义。

已有的研究多是将共创价值作为被解释变量，本书进一步分析共创价值结果对个体层次的顾客满意和对组织层次的员工工作满意度影响，从而弥补有关共创价值效应研究的不足。

1.3.2.2 实践意义

随着科技水平的提高，用户需求的个性化水平不断提高，对于提供服务的服务企业要求也越来越高。如何提供更加具有竞争力的产品或服务，如何吸引更多的顾客，并保留更多的忠诚顾客，进而提高企业的效益水平，提高服务企业的核心竞争力，成为服务企业越来越关注的一个问题。顾客能力和企业特质都对共创价值产生作用，本书通过揭示服务共创价值的形成机理及其效应，可以为服务企业的管理实践提供理论借鉴，有利于管理者加强对共创价值理论的认识，有助于管理者制订共创价值决策。

分析顾客能力和企业特质对共创价值的影响作用机制，将有助于指导服务业不仅注重顾客能力的挖掘,而且注重组织层次的企业特质的影响。企业为了提高共创价值水平,一方面,要积极引导顾客,识别更有潜力的顾客,挖掘他们具有的顾客能力;另一方面,应努力加强企业自身的建设,从组织层次的角度,加强培养组织自己的文化,进而提升共创价值水平。

通过分析服务氛围对企业特质和顾客能力影响顾客参与的调节作用,以及顾客偏好对企业特质和顾客能力影响顾客参与的调节作用,为服务业管理者制订人员招聘、奖励机制提供理论指导,帮助服务企业政策制定者制订合理的奖惩机制,为企业带来更大的利益,创造更多的社会价值。

本书分析共创价值对个体层次的顾客满意和组织层次的员工工作满意度的影响,可以为服务业和顾客进一步加深对共创价值理论的认识,从而更加自觉地加强自身的建设,实现更多的自我价值和社会价值。为顾客自觉参与共创价值和服务企业加强企业文化建设提供理论支撑。

1.4 研究思路与方法

1.4.1 研究思路

本书将对服务共创价值的形成机理及其效应进行研究。在对相关文献的研究基础之上,明确目前有关问题的研究进展,指出存在的局限性与不足。这部分内容对应本书的第1章和第2章内容。

已有研究中关于顾客能力如何影响顾客参与并进而对共创价值产生作用的机理缺少更加深入的探讨和分析。本书第3章将从顾客能力的角度,研究共创价值的形成机理,探讨顾客能力对顾客参与的作用,以及顾客偏好在顾客能力影响顾客参与的过程中产生的调节作用;研究顾客参与如何影响共创价值及顾客信任在顾客参与影响共创价值中的中介作用。

已有共创价值的相关研究文献中,缺少同时考虑组织层次的服务企业特质和个体层次的顾客能力对共创价值影响的相关研究。本书第4章将从顾客能力和企业特质多层次的角度探讨共创价值的形成机理，探讨企业特质对共创价值的跨层次作用机制。在顾客能力对共创价值的作用路径基础之上，进一步研究企业特质对共创价值的跨层次作用机制。探讨企业特质和顾客能力对顾客参与的影响，并分析顾客偏好和服务氛围在此过程中的调节作用；探讨顾客参与对共创价值的作用，分析顾客信任在此过程中的中介作用。

已有共创价值的研究文献中，学者们更倾向于将共创价值作为一种解释变量进行分析，缺少对共创价值效应的分析。如何理解共创价值的创造过程，以及如何认识共创价值对顾客和服务企业员工的影响将是未来对共创价值效应分析的一个重要研究问题。本书第5章将探索共创价值是如何影响顾客满意和员工工作满意度，进而怎样作用于顾客忠诚和员工工作绩效水平的。第一，探讨共创价值对顾客满意的影响，以及顾客满意对顾客忠诚和员工工作绩效的作用；第二，探讨共创价值对员工工作满意度的影响，以及员工工作满意度对员工工作绩效和顾客忠诚的作用。

遵循实证研究的步骤，探讨服务共创价值的形成机理及其效应，运用统计分析方法对数据加以分析处理，得出研究结论，指出研究局限性和未来的研究方向。本部分研究内容对应本书的第6章内容。本书的研究思路如图1-1所示。

1.4.2 研究方法

本书遵循实证研究的基本步骤。首先，通过文献综述指出研究的核心问题；其次，将研究问题进一步概括为具体的三个研究问题，对研究对象进一步地界定细化；再次，本书采用逻辑推演和归纳总结的方法构建理论模型，提出相关假设，并将研究的构念用可测题项表征出来，通过调查问卷收集实证研究所需要的数据；最后，运用相关实证分析方法和分析工具进行数据分析，得出结果。采用的实证研究方法主要涉及文献研究法、问卷调查法、访谈调研法、数理统计法。

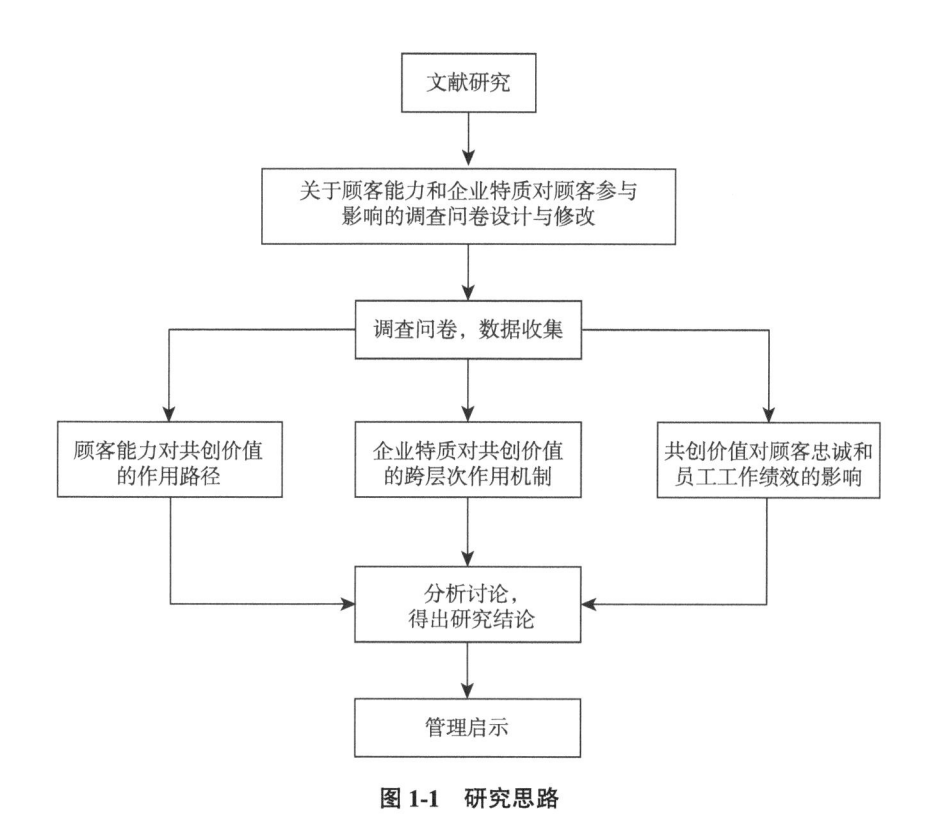

第1章 绪 论

```
           ┌─────────────┐
           │  文献研究     │
           └──────┬──────┘
                  ↓
    ┌──────────────────────────────┐
    │ 关于顾客能力和企业特质对顾客参与  │
    │   影响的调查问卷设计与修改       │
    └──────────────┬───────────────┘
                   ↓
           ┌─────────────────┐
           │ 调查问卷，数据收集 │
           └────────┬────────┘
    ┌──────────────┼──────────────┐
    ↓              ↓              ↓
┌─────────┐  ┌─────────┐  ┌─────────────┐
│顾客能力对│  │企业特质对│  │共创价值对顾客│
│共创价值的│  │共创价值的│  │忠诚和员工工作│
│作用路径  │  │跨层次作用│  │绩效的影响    │
│          │  │机制      │  │              │
└────┬────┘  └────┬────┘  └──────┬──────┘
     └────────────┼───────────────┘
                  ↓
           ┌─────────────┐
           │  分析讨论，   │
           │  得出研究结论 │
           └──────┬──────┘
                  ↓
           ┌─────────────┐
           │   管理启示    │
           └─────────────┘
```

图 1-1 研究思路

（1）文献研究法。通过搜索和阅读国内外关于顾客能力、企业特质、顾客参与及共创价值相关的文献资料，梳理这四个领域的研究动态和目前的理论成果，包括这四个概念的内涵、维度及相互之间的关系等。在借鉴成果的基础上，找到本书的切入点，提出本书的研究模型，并以国内外学者的研究成果作为本书假设提出和问卷设计的部分依据和支持。

（2）访谈调研法。在设计问卷的过程中，除听取业内人士的意见外，还广泛征询不同人员关于问卷初稿的看法，以调整问卷中由于填写对象缺乏营销专业背景或者语言习惯不同等原因而容易造成误解的地方，使得问卷的项目设置不仅能够达到准确测量潜变量的目的，而且可以很好地结合餐饮业实际情况和顾客真实体会，通俗易懂。另外，在本书结论探讨的过程中，也进行了沟通和交流，可以更好更全面地对结论予以解释。

（3）问卷调查法。采取问卷调查的方法来收集所需数据，以进行定量分析。由于本书需要对量表进行验证和改良，因此在正式调研之前还做预调研。预调研主要通过纸质问卷的方法发放并通过手工录入整理数据。正式调研采用服务企业现场调查的方法收集问卷，对于跨层次的分析问卷，本书通过现场走访服务企业现场，并通过现场发放和收集问卷的形式收集所需要的数据。

（4）数理统计法。通过预调研获取了问卷数据之后，本书借助SPSS 17.0对预调研样本进行了信度和效度检验，在此基础上，设计了最终的正式调研问卷。对于正式调研问卷的样本数据，运用SPSS 17.0软件对数据进行信度分析及描述分析，使用Amos 7.0对样本进行了效度分析，对本书的结构方程模型进行了拟合程度分析和中介变量分析，并对本书假设进行了检验，最终提出实证研究结论，以保证研究结论可以更好地指导企业实践。本书所采用的数据分析方法主要包含：探索性因子分析、验证性因子分析、多层线性模型、逐层回归分析、路径分析、结构方程与模型拟合比较、假设检验等分析方法。

1.5 本书结构

本书分为6章。

第1章，绪论。阐述本书的研究背景，提出研究问题，明确研究目的，阐明研究意义及研究思路和技术路线。

第2章，文献综述。对顾客参与、顾客能力、企业特质、共创价值和本书所运用的理论进行文献回顾。通过评述已有的研究成果，分析目前对共创价值形成机理及其效应研究中的不足。

第3章，顾客能力对共创价值的作用机制。从顾客能力的角度，探讨共创价值的形成机理。通过对380名中国顾客在餐饮服务过程中的问卷调查，运用结构方程模型进行实证分析。

第4章，企业特质对共创价值的跨层次作用机制。从顾客能力和企业特质多层次的视角，探讨共创价值的形成机理。通过对38家餐饮服务企业，369名服务企业中层经理、主管及企业员工和1140份顾客在接受餐饮服务过程中的问卷调查，运用结构方程模型和多层次线性模型进行实证分析。

第5章，共创价值对顾客忠诚和员工工作绩效的影响。本书探索共创价值是如何影响顾客满意和员工工作满意度，进而怎样作用于顾客忠诚和员工工作绩效水平的。通过对49家服务企业，427名企业员工和1218名顾客在接受餐饮服务过程中的问卷调查，运用结构方程模型和多层次线性模型（HLM）进行实证分析。

第6章，结论与展望。总结本书的研究成果、研究贡献、管理启示及研究局限和未来的研究方向。

1.6 创新点

本书的主要特色和创新性体现在以下几个方面。

（1）顾客能力对共创价值作用路径。探讨共创价值的形成机理，分析顾客能力对顾客参与和共创价值的作用机制及顾客偏好在顾客能力影响顾客参与过程中的调节效用，研究顾客信任在顾客参与影响共创价值过程中的中介效应。

（2）跨层次研究共创价值的形成机理。引入组织层次的变量，从个体层次的顾客能力和组织层次的企业特质研究他们共同对顾客参与的影响，以及对共创价值形成的作用机制。分析服务氛围和顾客偏好对顾客能力和企业特质影响顾客参与的跨层次调节效应。

（3）探讨共创价值对顾客忠诚的影响和共创价值对员工工作绩效跨层次的影响。探讨共创价值对个体层次的顾客满意和顾客忠诚的影响及共创价值对组织层次员工工作满意度和员工工作绩效的跨层次作用机制。

第 2 章 文献综述

在文献检索时，以公开的国内外学术数据库为主要检索源。通过对检索到的相关文献进行分析、归纳，总结开展共创价值研究的手段和分析方法，以及目前有关共创价值研究的总体情况和研究成果，为其他章节研究工作的开展奠定基础。从顾客能力和企业特质的角度出发研究共创价值的形成机理，在市场营销领域是一个比较新颖的研究课题，本章将从顾客能力、顾客参与行为、企业特质和共创价值这几方面进行文献综述。在进行文献检索时，本书主要以国内外公开的如中国学术期刊全文数据库（CNKI）、Elsevier Science 等学术数据库为检索源进行文献检索。本章的文献综述为本书后续章节的研究工作奠定了理论基础。

国内外学者有关共创价值的研究正处于一个不断上升发展的状态，但目前研究主要是共创价值的内涵、顾客参与共创价值的前因后果等研究。从目前国内外研究现状来看，国外学者虽然提出了共创价值的思想，但是并未形成理论体系。相比之下，我国学者在对顾客参与共创价值的研究中，引入新的理论基础，开发新的研究视角，但是在定量分析和实证分析上又稍显不足。学者们对顾客参与共创价值的形成机理并未分析，但研究顾客参与共创价值的形成机理有着深刻的理论意义和实践意义，所以，本书将依据已有的理论基础重点研究顾客参与共创价值的形成机理，以帮助企业建立共创价值的运行机制，实现企业与顾客共赢的目标。

以顾客能力、顾客参与、企业特质和共创价值作为主题词汇，以中国学术期刊全文数据库和中国优秀硕/博士学位论文全文数据库作为检索源，进行中文文献检索；以 customer ability、customer participation、co-value creation、corporate characteristics 作为主题词，以 Elsevier Science 数据库、EBSCO 数据库、Wiley InterScience 数据库、Informs 数据库、Springer 数据库及 IEL 数据库作为检索源，进行英文文献的检索，在接下来的小节中，给出文献的相关情况分析。

截至 2018 年 4 月 19 日，检索到上述主题或关键词的中文和英文文献总数和与本书相关的文献数量见表 2-1。

表 2-1 相关文献检索情况

检索源	主题词	检索项	篇数/篇	有效篇数/篇	时间
中国学术期刊全文数据库	顾客能力、顾客参与、企业特质、共创价值	主题词	2019	268	1994—2018 年
中国优秀硕/博士学位论文全文数据库	顾客能力、顾客参与、企业特质、共创价值	主题词	664	128	1997—2018 年
Elsevier Science 数据库	customer ability；customer participation；co-value creation；corporate characteristics	Abstract/Key Words/Title	325	86	1999—2018 年
IEL 数据库	customer ability；customer participation；co-value creation；corporate characteristics	Topic	278	34	1994—2018 年
Informs 数据库	customer ability；customer participation；co-value creation；corporate characteristics	Text/Title/Absract	126	9	1994—2018 年
Springer 数据库	customer ability；customer participation；co-value creation；corporate characteristics	Title/Abstract	89	12	1994—2018 年
EBSCO 数据库	customer ability；customer participation；co-value creation；corporate characteristics	Title	168	23	1994—2018 年
Wiley InterScience 数据库	customer ability；customer participation；co-value creation；corporate characteristics	Title	252	25	1994—2018 年
合计			3921	585	

已有研究认为顾客参与共创价值受到内外各种动机的影响，他们在价值共创中参与的大部分还是基于交易水平进行的探讨，另外他们也扮演着不同的角色，顾客参与共创价值可能导致更多的角色转移，他们对共创价值并非总是有利的；另外，企业外界各种因素及顾客与企业间的关系会影响顾客参与共创价值的效果，然而从服务企业层面来说，如何有效引导并管理顾客参与价值共创还比较缺乏；在和服务企业协作中，顾客参与更希望得到定制化和个性化的产品。对服务企业来说，他们让企业组织边界外的用户参与进来，可能需要更高的成本。然而，如果能将与顾客共同创造的价值发散出去，则可以提高效率，同时提高市场的反应性，并降低企业的运营成本。

2.1 顾客参与的研究

2.1.1 顾客参与的概念内涵

顾客参与的概念被提出以来，已经引起了学术界的广泛关注，许多学者在各自领域进行了相关研究[65]。近年来，一些营销领域的学者对顾客参与行为表现出了浓厚兴趣，并提出了顾客参与的概念。凯利（Kelley）等人认为，顾客参与是顾客在与服务企业或组织进行交流时所呈现的肢体行为、心理、认知和情绪上反应的综合行为[66]。本达普迪（Bendapudi）认为，顾客参与是一个心理过程，服务企业应致力于开发新顾客的忠诚度，并保持老顾客对服务企业的忠诚度[67]。范多伦（Van Doorn）等人认为，顾客参与是顾客出于某种动机对某个服务企业或组织表现出兴趣时的一种非交易行为，这种非交易行为主要包括提出建议，向其他人推荐该服务企业或组织，帮助该服务企业或者组织宣传产品或者服务，撰写博客或发表网上评论等行为[68]。与范多伦等人的观点略有不同，古梅鲁斯（Gummerus）等人认为顾客参与涉及非交易和交易行为[69]。在社会学和管理学的相关研究中，霍勒贝克（Hollebeek）将顾客参与视为顾客与服务企业互动时产生的心理状态,这种动机驱动和服务企业相关的心理状态涉及顾客的认知、情感和行为方面及随环境的变化[70]。基于这项研究,霍勒贝克提出了一个曲线模型,显示顾客价值的变化与顾客参与程度的变化[71]。通过回顾有关顾客参与在市场营销领域的相关文献,方(Fang)等人提出了五个基本假设命题和虚拟品牌社区"顾客参与"的一般定义[72]。他们认为顾客参与是顾客与特定服务关系中的其他利益相关者进行互动和共同创造顾客体验时的心理状态,这是一个动态循环的过程。凯洛格(Kellogg)和鲍恩(Bowen)通过采用网络图的方法提出了关于这一主题的进一步研究。他们想出了顾客参与是一个多维概念,包括认知,情绪和行为因素的想法,顾客可以在不同的环境中与不同的利益相关者有不同的形式参与[73]。

从以上定义可以看出,顾客参与的概念是在不断的发展和完善的,顾客参与是在服务过程中顾客所有与服务相关的行为的总和。顾客参与有以下几个特点:①顾客参与强调的是顾客一方的行为,顾客是参与的主体;②顾客参与是各种行为的总和,不是抽象的而是具体的,从精神参与到物质参与,从提供信息到建立人际关系参与等都能找到具体对应的表现;③顾客参与的范围是在不断拓展的。顾客参与的范围原来仅限于服务领域,现在逐渐拓展到产品和服务方面,甚至拓展到公司治理的层面。本书认为顾客参与是在服务过程中顾客所有与服务相关的行为的总和。

2.1.2 顾客参与的维度划分

凯洛格和鲍恩根据服务企业提供产品或服务的一般生产流程将顾客参与划分为四个维度,分别为事前准备、信息交换、建立关系及干涉行为[73]。霍兰德(Holland)和贝克(Baker)将顾客参与划分为三个维度,即体力方面的投入、精神方面的投入和情绪方面的投入[74]。贝当古(Bettencourt)指出在服务中顾客经常扮演三种角色:赞助者角色、组织的顾客角色和人力资源角色,顾客可以发展三种不同的行为:合作、信息分享和忠诚[75]。菲莱(File)等提出了顾客参与的四个维度：提供有形的材料或者辅助工具、创造见面的机会、培养倾听技术、进行有意义的互动[76]。富勒（Füller）和马茨勒（Matzler）指出顾客通过信息分享、履行责任和人际互动三个维度来进行顾客参与[77]。从上面的研究可以看出，虽然营销领域的学者没有达成统一的顾客参与的维度，然而，他们对该术语的大多数解释都包含以下要素：①顾客和企业或品牌之间存在情感，认知和行为的参与；②他们的定义集中在顾客的互动行为和共创价值[78]。本书在已有研究的基础之上，将顾客参与分为信息交流，合作行为和人际互动三个维度。

2.2　顾客能力和企业特质

2.2.1　顾客能力的研究

顾客参与在产品和服务的生产与交易中越来越重要，顾客在价值创造过程中的重要性也日益显著。在知识经济时代，企业只有真正地了解顾客的需求，才能生产出更有价值的产品和服务。但如果顾客不具备相应的能力来清楚地表达自己的需求和建议，对企业和顾客双方来讲都将是共创价值的阻碍。因此，许多学者从顾客能力的角度进行研究。

有关顾客能力的观点及其管理启示越来越被学者们所关注，以此用来理解"知识营销"这一概念。普拉哈拉德（Prahalad）等人认为，顾客能力是企业竞争力的新来源，顾客能力是指顾客所具有的知识、学习和实践的欲望及积极参与对话的能力[79]。基于顾客经济下的竞争范式，唐跃军等将顾客能力定义为：基于外部市场环境的核心能力的有效延展，是市场环境下，企业核心能力在顾客竞争中的外在化[80]。基于以上学者的观点，顾客能力是指顾客所拥有的知识、技能、学习意愿及参与对话的能力。顾客能力高的顾客被认为是创新者，他们能与企业共创并分享价值。因此，企业应通过探索顾客的消费体验来关注顾客并深度识别有效顾客。企业拥有的顾客能力是一种比核心能力更具基础性和核心性的能力，它能有力地支持企业延伸到更有生命力的新事业领域中去。顾客能力的最大价值在于孕育着存在巨大商机的多方位的顾客需求，它们不仅是对现有忠诚品牌的执着，更重要的是，它们往往构成了其他产品的目标市场。这使得企业在向顾客提供产品或服务获取利润的同时，可通过联合销售、提供市场准入、转卖等方式与其他市场合作获取直接或间接的收益。

顾客能力的评价指标在不同的研究问题中有不一样的解释，并且目前学者们对顾客能力维度的研究较为广泛，顾客能力对企业价值的作用形式通常分为知识集成、顾客创新和信息沟通三种形式。卡纳（Kärnä）等人意识到顾客导向、专业技能、合作能力和信息沟通能力在共创价值中的重要性，顾客受教育程度会影响其参与共创价值的意愿以及参与程度[81]。奥德丽（Audrey）等人将顾客能力分为认知性能力、功能性能力和反馈能力。他们研究认为，顾客资源的调动和所处的环境会影响消费行为中的顾客能力，顾客期望水平的高低会影响顾客参与服务企业共创价值的积极性[82]。顾客能力分为一般能力和特殊能力。一般能力指顺利完成一般购买活动所需具备的基本能力，特殊能力指顺利完成某种特殊购买活动所需具备的能力。彭艳君和管婷婷在以家装行业为研究对象时，构建了顾客能力对顾客参与价值共创影响的概念模型，并将顾客能力分为了知识能力、创新能力和沟通能力[83]。本书认为顾客能力是指顾客所拥有的知识、技能、学习意愿及参与对话的能力，并将顾客能力分为知识能力、创新能力和沟通能力三个维度。

2.2.2 企业特质的研究

企业特质指的是组织固有的属性，并可以对处于该组织环境下的个体产生影响作用的特质。例如，企业由于长期经营所具有的声望，会对顾客在享受服务企业提供的服务产品时的行为产生一定的影响。具有高名誉、声望的企业，往往会对顾客公民行为产生积极正向的引导作用，反之将会反向影响顾客公民行为。企业具有稳定并将长期影响顾客在享受服务企业服务产品时行为和情感的属性，在本书中我们将企业特质定义为企业具有的稳定并将长期影响顾客在享受服务企业产品时行为和情感的属性。

文献研究表明，共创价值的形成不仅仅是顾客单一层次的付出行为，更与企业的文化价值观念等组织层次的相关因素有关，共创价值是顾客和企业员工之间的交流与合作[84,85]。因此有必要把企业特质这一属性作为影响共创价值形成的重要影响要素。再者，还有一些研究指出顾客知识有限，不能有效掌握最新科技的发展趋势，因此不利于企业价值的共创行为[86,87]。已有研究指出服务企业内外部因素会影响顾客参与共创价值的形成过程，这类因素可能包含顾客本身的一些属性，也有可能是企业服务氛围，这类因素如果不能操控，则难以为服务企业提供有效的指导建议。如果从单一顾客个体层次研究共创价值是存在局限性的，在顾客与企业互动过程中发生购买和消费的理论背景下，从企业组织层次研究价值创造是十分必要的。本书将从顾客能力和企业特质多层次的角度，探讨顾客参与如何影响共创价值的形成过程，研究顾客参与是如何受到顾客信任等中介变量的影响，进而探讨共创价值的形成机理，并分析共创价值是如何受到个体层次顾客偏好和组织层次服务氛围的影响的[88]。

企业特质是企业文化不可分割的最小文化单元。作为企业文化的基本表征、基本构成单元，企业特质首先是具体的、生动的企业文化。企业特质具有以下两个特点：①稳定性，企业特质是企业在长期经营的过程中逐步产生，并会对顾客在享受服务企业提供的服务产品时，对顾客的心理和消费行为产生潜移默化的影响；②交互性，企业可以通过企业特质对所处组织环境中的顾客产生一定的影响[89-91]。企业特质反映了一个企业中由价值观、信念、仪式、符号、处事方式等组成的特有的企业文化形象，反映了企业在经营管理过程中创造的具有本企业特色的精神财富，并对该企业成员有感召力和凝聚力，能把众多人的兴趣、目的、需要及由此产生的行为统一起来，是企业长期文化建设的反映。

2.3 共创价值的研究

2.3.1 共创价值的概念内涵

自20世纪80年代以来，顾客价值的概念在营销学领域受到广泛关注。佩恩（Payne）等人[92]及萨里耶尔维（Saarijärvi）等人[93]认为企业与顾客共同创造价值，这意味着顾客的价值既不是生产者通过参与生产过程来消费顾客的手段，也不是顾客为生产者创造的价值。根据上述学者的观点，本书认为共创价值是指作为同伴主体的生产者和顾客共同创造自己和彼此的价值的总和。在这个共同创造过程中，这两个主体通过不断的对话和互动，一起构建个性化的服务体验[94]。基于这个理论，一些学者从顾客的角度提出社会互动观点，即基于顾客和企业之间的相互作用及与顾客价值的交互作用，以及他们之间的互动[95]。有关共创价值的文献研究表明，从生产过程的角度来看，共同创造是不成问题的。在顾客购买和消费的背景下对价值创造的理解是必要的[96-98]。根据这个建议，顾客不是营销行动的被动对象，而是服务企业提供产品或者服务的积极参与者。

共创价值对企业和顾客都具有重要的意义。通过让顾客参与共创价值，帮助企业提高服务质量、降低成本、提高效率、发现市场机会、发明新产品、改进现有产品、提高品牌知名度、提升品牌价值等，这些构建了企业区别于其他竞争对手的竞争优势。顾客通过参与共创价值，可以获得自己满意的产品，获得成就感、荣誉感或奖励，通过整个共创价值的交互获得独特的体验等；顾客的这些收获又进一步对企业产生影响，如提高顾客的满意度、忠诚度、购买意愿等[99]。

2.3.2 共创价值的维度划分

对于共创价值，一些学者将经济和享乐价值视为两个维度[100, 101]。在共创价值的两个维度中，经济价值主要与信息搜索和更新相关[102]。初（Choo）开发的信息寻求模型表明，顾客根据他们对信息的看法，即信息的有用性和可访问性来评估信息。如果顾客获得的信息是他们寻求的，那么这些信息无疑会影响顾客的感知价值[103]。

另外，享乐价值指的是顾客与企业或其他顾客交互过程中产生的体验和感觉。其他学者认为关系元素是社会互动的核心[104, 105]。他们将关系价值与享乐价值分离，并将其定义为顾客提高社会自我概念的有效性。社会互动功能在于完全满足顾客的需求，在社会空间中有真正的社交互动。它可以使顾客能够同时建立新的社交关系。在这些巨大的网络中，具有相同价值和相似爱好的顾客可以互相沟通。不同顾客之间的关系网络可以链接在一起，不同形式的信息可以通过重传和信息共享自由流动。这种现象是社会互动的社会性的一个很好的表现[106]。本书通过对相关文献进行梳理，将共创价值分为三个维度，即享乐价值、经济价值和关系价值[107, 108]。

按照共创价值的类型，可以将其分为生产领域的共创价值和消费领域的共创价值[109]。生产领域的共创价值既可以体现在制造业上，也可以体现在服务业上，且其研究主要集中在对顾客参与理论的研究中，顾客作为生产者参与生产过程[110]。顾客参与制造业的生产，与企业共创价值，该方面的研究主要集中在顾客参与新产品开发的研究中。让顾客参与企业的设计和研发活动，不但会降低成本、提高效率，而且能够开发出合适的产品，制造出让顾客满意的产品。服务共同创造是顾客与服务提供商的互动和适应过程，在服务业中，顾客可以被视为兼职员工，实现企业和顾客的双方共赢。服务业共创价值的研究主要集中在顾客参与新服务开发、顾客参与服务创新、顾客参与自助服务技术等方面[111-114]。

消费领域的共创价值是一种新的价值创造形式，共同创造的是体验价值，是真正的共创价值，价值的创造由顾客主导和决定。该领域共创价值研究主要体现在以下三个方面。

2.3.2.1 顾客单独创造价值

顾客单独创造价值指顾客在自己的消费过程中使用企业提供的产品或服务而创造价值,价值由顾客单独创造,企业不参与顾客的消费过程。根据企业是否参与顾客的日常消费过程,将服务分为全面服务和自我服务[115]。全面服务是指企业通过为顾客提供信息、技术、技能等方面的支持来主动参与顾客的消费过程,进而试图影响顾客的偏好;自我服务是指企业只是为顾客提供其价值主张,并不参与顾客的消费过程,顾客在消费过程中使用企业提供的产品或服务来创造自己的价值,即顾客单独创造价值。从顾客单独创造价值及自我服务的概念中,感觉价值创造是顾客的单边行为,企业并没有在价值创造中有所贡献,但是顾客要通过在消费过程中使用企业提供的产品或服务才能获得价值,也就是说这种价值的获取是建立在企业提供的产品或服务之上,因此,实质上价值还是由企业和顾客共同创造的[116, 117]。

2.3.2.2 顾客与企业互动创造价值

顾客与企业互动创造价值是共创价值理论的主要观点,企业的目标不是为顾客创造价值,而是动员顾客从企业提供的产品或服务中创造自己的价值[118]。与顾客接触比较多的重要人员(如上门服务员、推销员及维修员等),不但可以提供满足顾客需要的产品或服务,通过他们与顾客之间真诚和信任的互动还可以给顾客带来更好的消费体验[119]。

2.3.2.3 顾客与顾客之间互动共创价值

顾客之间的互动是顾客的重要服务体验,这种体验会影响顾客对企业的满意度和忠诚度[120-123]。社区中创建价值的四类方式,即社会网络的构建、印象管理、社群义工和品牌使用,直接来源于顾客的贡献,并完全发生在消费领域[124]。

2.4 理论基础

2.4.1 消费者行为

消费者行为（consumer behavior）是指"消费者在寻求、购买、使用、评价和处理他们期望能够满足其需求的产品和服务过程中所表现出的行为"[125]。消费者行为学是市场营销的基础理论，它融合了多个领域，有心理学的特征、社会学的模型、经济学的理论、营销学的专业等，又称为效用理论。传统的消费者行为可以用消费者理论模型（AIDMA）来表示，该模型最早于1898年由美国的刘易斯（Lewis）提出，用以分析消费者购买服装时的心理过程，随后由罗兰（Roland）于20世纪20年代整理完善成为成熟的传统营销理论模型[126]。AIDMA模型认为，在传统的营销模式中，消费者从最初接触商品到最后完成购买主要历经5个步骤，即A（Attention）引起注意、I（Interest）激发兴趣、D（Desire）产生欲望、M（Memory）留下记忆、A（Action）产生行动。AIDMA模型反映了消费者通过媒体促进消费等方式获知商品信息，引起对该商品的注意，激发对商品的兴趣，形成购买欲望，加强记忆形成对该商品的深度认知，最终购买该商品的消费者产生心理变化过程，而这整个过程都可以由传统营销手段所左右[127, 128]。

日本电通公司根据网络时代的特性重构了AIDMA模型，提出适应网络环境下消费者行为过程的AISAS模型。与AIDMA模型类似，AISAS模型也将消费者行为分为了5个阶段，分别是A（Attention）引起注意、I（Interest）激发兴趣、S（Search）信息搜索、A（Action）产生行动、S（Share）信息分享[129]。AISAS模型反映了网络环境下，尤其是Web2.0时代消费者的购物行为[130]。AISAS与AIDMA模型的最大区别在于，AISAS着重强调网络环境下的信息搜索和分享信息两个环节。AISAS本质上体现了网络时代消费者的购物习惯和消费环节的变化：消费者接触到商品信息后，激起兴趣，就会通过网络引擎查找相关信息，信息的内容包括产品评测、其他消费者的使用体验等。随着网络的发展，电子商务网站也同样为消费者立即实现购物行为创造得天独厚的条件。网络的发展还带来了一个特殊的环节，消费者可以分享自己的购物体验，对产品、服务等进行评价，这又会影响到其他的消费者[131,132]。

网络的出现改变了人们的生活方式、工作方式，传统的营销模式只能让消费者通过电视、杂志等传统方式来接收产品信息，方式单一。而新型营销模式的到来，使消费者可以通过除传统传媒方式以外的媒体进行信息的查看、接收和有效的交流[133]，如网上搜索信息、接收邮件、查看论坛、发送微博等。同样互联网的出现引起了消费者心理的改变。在传统时代AIDMA消费者行为中，营销的唯一手段是刺激消费者的需求，消费者在五花八门的商品信息与营销宣传中混沌迷糊地进行着购买决策[134]。在网络时代AISAS消费者行为中，把消费者产生兴趣之后的信息搜索环节及信息分享环节作为两个重要的环节来考量。消费者不但能从多渠道了解信息，更能主动搜索喜欢的商品从而获得更多详情。消费者不仅可以通过无处不在的网络主动获取信息，还可以主动分享信息给其他消费者。通过查看其他购买者的分享评价，能够最大化地进行正确的购买决策，降低购买风险。同样在购买之后自己也可以作出评价或者将信息分享给更多好友。因此，AISAS模式较于AIDMA传统模式让消费者拥有更多话语权[135]。在这种情况下，开展营销活动必须由AISAS模型中先前的企业营销人员占主导地位转变为以消费者为主导进行营销活动。

AISAS模式转变了人们的生活和消费方式，互联网时代企业想要达到吸引消费者、增加销售的目的，就必须把营销活动的重心由以企业为中心转向以消费者为中心，更好地适应消费者的变化，在消费者良性的互动中提高企业营销活动的真实转化率。网络时代的新媒体不再像传统媒体一样独占用户注意力，消费者只能被动接受信息，新媒体环境下的消费者有太多的选择机会，各种行业频道、垂直网站、专业评论网站既分流了消费者有限的注意力，也为消费者提供了尽可能丰富的知识。因此，企业的网络推广也应随着消费行为和传播环境的改变逐步转型[136]。AISAS模型下，企业需要站在客户角度逆向思考，研究客户需求，以全方位、多角度的营销策划作基础，主动引导消费行为。客户发出了引起注意、产生兴趣、信息搜集、形成购买到信息分享这一连串的动作，客户的行为已经变成了营销的主导[137]。由此可以看出，与传统购买时信息的收集不同，消费者在作出网络购物环境下的购买决策时，已经不能再单纯依靠企业的宣传，更多的是主动地搜索多方收集、查询相关信息。消费者会更加关注他人的信息，完成后的信息分享也同样会影响他人。在这种情况下，企业的营销重点必须转换为关注消费者，研究客户需求，为全方位、多角度的营销策划作基础，主动引导消费行为。企业营销人员必须重视模型中的每一个环节，重视消费者心理需求，以此为依据建立新的营销模式，才能使营销达到良好效果。

2.4.2 服务主导逻辑

服务主导逻辑是指注重生产者和顾客之间、其他供应和价值链协作者之间，在不断的互动过程中共同创造价值，有学者指出用全新的服务主导逻辑来取代传统的产品主导逻辑，以指导企业的战略制定和实施工作[138]。该概念刚一提出，就引起了管理学界和企业界的普遍关注。2005年在新西兰奥塔哥大学举办的奥塔哥论坛上，与会学者从各自的研究视角对服务主导逻辑进行了论述，对服务主导逻辑的发展提出了很多改进意见，之后瓦尔戈（Vargo）和卢施（Lusch）先后在2006年和2008年两次对服务主导逻辑的经典假设进行了修订，服务主导逻辑日益得到管理学界和企业界的认可和支持。2010年美国营销科学学会专门组织专家对服务主导逻辑进行了研讨，把服务主导逻辑下共创价值列为未来几年的优先研究方向之一。

企业应当以顾客为导向从事生产和服务，关注顾客在价值联合创造中的角色和作用，以及以顾客专用性人力资本作为主控资源的价值创造意义。企业主导逻辑正从有形商品交换转向无形的、专门知识和技能的交换，企业导向也从生产者转向顾客。服务被界定为通过行动、过程及实施而应用专用性知识和技能，目的在于实现另一方利益。以服务为中心的观点意味着，企业营销应当关注主控资源，从而使企业价值主张优于竞争对手。主控资源是和被控资源相对应的，被控资源是那些被执行的行动或对其进行操作从而产生效果的资源，主控资源是被用于根据被控资源而行动，从而产生效果的资源。在服务主导逻辑范式下，顾客成为价值共创者，并成为企业竞争优势的重要来源。企业不再把顾客简单视为营销对象，而是将顾客看作主控资源，顾客可以对企业营销过程、消费过程和交付过程作出贡献。服务主导逻辑必须基于充满活力、全新的观念模式。这种崭新观念模式的转变可以概括为六个方面：①从商品生产向提供服务转变；②从有形向无形转变；③从静态的对象性资源消费和消耗转化为动态的操作性资源的创造和使用；④从继续认可不对称信息向认知对称信息的策略优势转变；⑤由单向宣传向交流对话转变；⑥关注焦点从单纯成交向注重客户关系转变。

一种促进这种合作行为的方法是将关系、社交和契约持续深化。这些合同关系让经济实体（个人的和集体的）和环境相联系。服务提供商和客户密切合作的（不间断互动）形式首先是建立在信任第一的基础之上。欺诈、愚弄的关系无法在服务过程中维持。随着时间和沟通交流的增加，信任关系也随之更加深入和全面。事实上，普遍意义上的社交和特殊的全球性社交的兴起都是关系化的表现。服务主导逻辑天生具有鲜明的关系性，一定程度上是因为它意味着需要多方合作共同创造价值。因而，服务主导逻辑所引导的企业不可能对顾客或者社会漠不关心。

2.4.3 社会互动

社会互动就是个人与个人、个人与群体、群体与群体之间为了满足某种需要而进行的交互作用和相互影响的活动[136]。社会互动是一种人与人之间的关系，只不过是一种动态关系。社会互动，首先是交往者双方相互沟通的过程，交往双方彼此交流感情与信息，这是一种社会互动。通过交往，他们可以获得对方的年龄、政治面貌、家庭状况、经济收入等信息；还可以增进感情。社会互动还是一个相互作用的过程，交往者双方能够相互影响。

社会互动不仅指个人与个人之间的相互作用，也指群体与群体之间、国家与国家之间、民族与民族之间的相互沟通、相互了解、相互作用，还包括个人与集团之间的相互作用。公司之间的协作与竞争、国家领导人之间的相互会见与友好访问、国与国之间的战争等都属此列。构成社会互动，应具备三个要素：①应有两方以上主体。既然是相互作用，主体必然不能少于两方，至于每方人数具体是多少则没有明确限制，既可以是个人，也可以是群体。因而无论在个人与个人、个人与群体还是群体与群体之间，互动都可发生。②主体间应有某种形式的接触。这种形式既包括语言，也包括非语言，如身体感官或其他媒介等。换言之，一方主体应向他方发出一定的"符号"，即通过行为或意思表示的方式传达给对方。③各方主体都能意识到"符号"代表的意义。对于一方主体作出的意思表示或行为，其他主体不仅能清楚认知，而且能对此积极回应。

社会互动理论是包含建构主义观点和人本主义观点的认知体系。在该理论看来，人一出生就进入了人际交往的世界，学习与发展就发生在他们与其他人的交往与互动中，它既强调学习过程的认知参与，也强调学习过程的全员参与。从学者们的研究看，社会互动的主要形式有交换、合作、冲突、竞争和强制。正是在这一系列的语言和非语言的互动中，人们不断学习由社会建构并由大家共享的象征意义，通过角色借用，理解他人的想法，在符号互动中完成交流，共建文化系统。在互动中，意见得以分享、感情产生共鸣，从而也影响文化的产生。

2.4.4 社会交换理论

社会交换理论认为人类的一切活动都是社会交换行为，每个人都会在交往过程中计算得失，以得到利益最大化。其中利益等于收益减去成本，而利益和成本不仅包括外在物质，还包括内在心理。在有奖推荐条件下，商家通过奖励来吸引顾客进行好评推荐，追求推荐数量的最大化；而顾客通过口碑推荐，获取包括物质和心理效用。因此探究顾客在推荐行为中的得失计算，即价值感知过程如何影响其推荐意愿，对于企业来说至关重要。

顾客在好评行为中获取的价值取决于感知收益与感知成本的比较。其中感知收益归类为心理收益、社会收益和物质收益。心理收益是指顾客在与他人分享自己的购买体验时，会感觉自己为他人提供了有用的信息，如顾客是这一品牌的拥护者，他会认为自己的行为对品牌有所帮助。这类收益是基于顾客自身的"利他主义"，即当帮助他人获得更大的利益并且不求回报时，受利他主义激励的人会感受到内在的满足，本书将这类内在的收益归纳为顾客的心理收益。顾客在网络社区平台参与产品评价时，可能会结识朋友，获得支持和归属感，也就是说，顾客的口碑推荐行为可以满足其社会交往需求，此类收益被视为社会收益。顾客期望通过口碑推荐行为来提高自我声誉，从而获得社会收益。同时，除去自发推荐从而产生的内源性满足外，外界的刺激也会给顾客带来物质收益。商家常常通过物质奖励，如优惠券、折扣、现金等激励顾客的口碑推荐行为，这将给顾客带来物质收益。

顾客在好评过程中付出的成本主要包括执行成本、心理成本和社会成本。顾客在发表评论的过程中，需要将回想到的产品使用感受转化为文字表达，特别是在提供详细文字评论的时候，会花费大量的时间和精力，这属于顾客的执行成本。顾客在外界刺激下，如奖励前提下进行口碑好评时，会认为自己的评价行为受到了他人影响，感到自由受损，此时就会产生心理抗拒从而带来心理成本。在自发产生的推荐行为中，顾客希望自己提供的购物信息可以为他人购买带来参考，推荐行为可以带来心理收益和社会收益。自我认知理论表明，人们会有意或无意地探究自身行为发生的原因。在归因过程中，人们会将外部说服信息归因为外部刺激。如果通过推荐获得了奖励，顾客会把推荐行为归因于外界的刺激而非内在动机。此时顾客会担心他人知晓其在推荐过程中获得物质收益后，认为他的推荐动机不纯。顾客担心留下"唯利是图"的印象，影响其人际关系网络，因此在有奖激励下的分享会有所顾虑，从而使推荐者感知到社会成本。

2.5 相关研究评述

2.5.1 顾客能力与共创价值

目前已有文献中关于顾客能力和共创价值的研究主要集中在顾客能力和共创价值的概念维度界定上，对于进一步揭示顾客能力和共创价值内在关系的研究较为缺乏[139-141]。学者们对共创价值的研究多数集中在对共创价值的概念和维度进行界定，从顾客角度研究共创价值的相关文献比较缺乏。在顾客参与共创价值的过程中，仍存在着一些问题需要解决。共创价值的产生往往伴随顾客参与行为的发生，已有研究更多的是分析顾客参与的影响要素如何对共创价值产生作用，将分析的重点放在对顾客参与的要素构成上，并且仅考虑顾客参与对共创价值的直接作用效果，忽视对共创价值形成机理的进一步探讨。虽然目前越来越多的顾客以价值创造者的身份参与到企业活动中，但共创价值活动仍处于初级阶段，企业与顾客在参与过程中都处于探索追求的状态[142]。并不是所有的顾客都能够意识到共创价值的重要性，如顾客不能认识到组织价值观、缺乏与企业互动所必需的知识，则不能参与到价值共创中[143]。此外，顾客对参与中要投入的资源和如何使用这些资源没有明确的判断，不了解企业的工作氛围等，都会导致顾客参与度不够。鉴于共创活动目前并不非常系统，企业尚不能提供较成熟的参与平台，顾客也不能很好地参与进来，参与程度不够，影响共创价值绩效，顾客能力不能有效发挥[144-148]。

根据服务主导逻辑相关理论研究成果，顾客往往被视为价值共同创造者，而不是服务企业产品或者服务的被动接受者，因此服务企业可以为企业与顾客价值创造提供良好的服务氛围，并担当共创价值过程的促进者的角色[149]。企业价值创造的形式正处于初始转变阶段，还不能很好地控制顾客、给予顾客更多的判断与选择机会，此外，企业不能深入顾客的工作环境中，不能通过积极的交流互动来获取顾客信息[150-152]。有学者指出顾客参与会给企业的运作带来很大的不确定性，会增加运营风险，企业基于这点考虑会谨慎开展价值共创活动[153-155]。此外，作为共创价值平台的共创项目等不能引起顾客参与的兴趣使得顾客在参与价值共创过程中产生障碍[156]。顾客能力作为顾客本身的资源，在企业和顾客双方都未得到重视。在顾客方面，可能自身具有的能力未挖掘，因此未能在共创中发挥应有的潜能。另外，顾客的组织社会化尚未形成也会影响顾客能力的发挥[157-159]。在企业方面，企业忽视了顾客能力的有效利用，未能正确定位顾客的角色，或者没有真正将顾客看作价值创造的合作者，不能通过顾客能力的开发更好地利用资源进行价值共创[160-163]。

2.5.2　企业特质与共创价值

共创价值的产生不是单一个体层次的顾客作用的结果，而是组织层次的服务企业和个体层次的顾客共同作用的结果[164-167]。如果仅仅考虑单一层次的顾客或者服务企业，对共创价值的研究结果往往具有片面性。已有共创价值的相关研究文献中，缺少同时考虑组织层次的服务企业特质和个体层次的顾客能力对共创价值影响的相关研究[168]。因此有必要把企业特质这一属性作为影响共创价值形成的重要影响要素。价值创造过程是顾客与企业员工不断沟通交流的产物，研究共创价值既要考虑顾客的行为同时也要考虑企业的特质[169, 170]。已有研究指出企业内外部因素会影响顾客参与共创价值的形成过程，这类因素可能包含顾客本身的一些属性，也有可能是企业服务氛围，这类因素如果不能操控，则难以为服务企业提供有效的指导建议[171]。

目前，关于共创价值的文献研究表明，顾客不仅被动地接受服务企业提供的产品或者服务，而且是服务企业创造价值的积极参与者，是服务企业取得市场竞争优势的关键要素之一。如果仅从单一顾客个体层次研究共创价值往往存在局限性，在顾客与企业互动过程中发生购买和消费的背景下，从企业组织层次研究价值创造是十分必要的[172-175]。价值创造是顾客与服务企业员工不断沟通交流的产物，研究共创价值行为既要考虑顾客的行为，同时也要考虑企业的特质[176]。

2.5.3 顾客偏好与服务氛围

虽然部分学者从不同的服务行业中研究共创价值，并给出共创价值的内涵和维度，但这种分析缺少更加深入的研究，针对顾客参与是如何影响共创价值，以及顾客参与是通过哪些中介变量作用于共创价值结果的过程缺少一般性的分析[177]。另外，企业外界各种因素及顾客与服务企业之间的关系会影响共创价值的形成效果，从服务企业组织层次来说，针对如何有效引导并管理顾客参与共创价值的研究还比较缺乏[178-182]。

已有研究中，学者们更加关注共创价值的形成原因。结合具体的行业背景，学者们分别给出了不同行业的共创价值的概念和内涵，较少部分学者试图分析共创价值的形成机理。顾客偏好对顾客能力影响顾客参与的调节效应，以及是如何对共创价值产生影响的，目前在理论研究上还属于空白。研究个体层次的顾客对顾客能力影响顾客参与的调节效应，具有重要的理论意义，同时对于服务企业来讲，在筛选重要顾客、引导顾客合理消费方面具有重要的实践指导价值。

研究表明，共创价值的产生是个体层次的顾客与组织层次的服务企业互相作用的结果。目前已有的文献中，并没有从顾客和服务企业的角度研究共创价值，并且考虑到组织层次的服务企业服务氛围对组织层次的企业特质影响顾客参与具有调节作用，以及组织层次的服务企业服务氛围对顾客能力影响顾客参与也具有调节作用，因此，研究组织层次的服务氛围对顾客能力和企业特质影响顾客参与，并进而影响共创价值的形成具有十分重要的理论意义。

2.5.4 顾客信任与共创价值

文献研究表明，关于顾客参与是怎样影响共创价值的作用过程是不一致的，顾客参与对共创价值的影响往往会受到其他变量的影响[25,183]。文献分析表明，在顾客参与影响共创价值的过程中，顾客对服务企业的信任程度会影响顾客共创价值的结果，相较于使顾客具有低信任感的服务企业，让顾客具有高信任感的服务企业往往具有较高的共创价值，因此，顾客信任可以作为顾客参与共创价值的中介变量。

研究个体层次的顾客信任对顾客参与影响共创价值的中介效应，可以进一步丰富共创价值的理论体系，完善共创价值的形成机理[184]。共创价值的形成是由顾客参与对其影响的直接效应，以及顾客参与影响顾客信任，进而影响共创价值的间接效应组成。对于服务企业来讲，应努力提供更好的服务氛围和营造良好的服务环境。服务企业不仅能够通过提升顾客能力改变共创价值，还可以通过改变服务企业的企业特质，提供更好的服务氛围，营造良好的服务环境，来改善共创价值[185]。改变企业特质可以直接影响顾客参与行为，进而直接作用于共创价值；而服务企业通过改善服务氛围和服务环境，可以通过其对顾客信任的改变，进而改善共创价值[186]。

2.5.5 共创价值的效应分析

目前，针对共创价值的文献研究中，学者们更倾向于将共创价值作为一个结果变量，这往往忽视了共创价值对诸如顾客满意和员工工作满意度的影响作用[187]。共创价值是指作为同伴主体的生产者和顾客共同创造自己和彼此价值的总和。在这个共同创作过程中，这两个主体通过不断的对话和互动，一起构建个性化服务体验[188]。学者们从顾客的角度提出了社会互动观点，认为共创价值产生于顾客和服务企业之间的相互作用，以及他们的互动过程中。不仅顾客满意水平和员工满意水平会对其参与共创价值行为和共创价值结果产生重要的影响，同样共创价值结果水平也会反作用于顾客满意度及企业中员工的工作满意度水平[189]。在本书中将共创价值对顾客满意和员工工作满意度的影响作用称为对共创价值的效应分析。

共创价值的形成过程体现了顾客与服务企业发生的交换关系的性质和认识，顾客满意反映了顾客从共创价值中得到的整体感觉[190]。更具体地说，满意度指的是消费前的预期和消费后的感知性能之间的差异：当绩效与期望不同时，不满意的情况发生[191]。顾客忠诚是企业营销的一个重要目标，因为它是公司长期经营能否取得成功的关键组成部分[192]。因此，保留现有顾客和加强顾客忠诚是服务企业获得竞争优势的重要目标[193]。同样的，共创价值或者服务结果也会对企业员工造成积极或者消极的影响，相较于顾客满意，企业员工的情绪更多体现在员工工作满意度和工作绩效水平上[194]。

2.6　本章小结

本章在对文献检索情况进行分析后，首先对顾客参与进行具体阐述，涉及顾客参与的概念、顾客参与的维度两个方面。然后结合本书中研究对象的属性特点，对顾客能力和企业特质进行文献综述，指出目前学者对顾客能力和企业特质的研究进展，以及从顾客能力和企业特质角度出发研究共创价值的研究成果。最后，对共创价值进行了文献梳理，并对共创价值与顾客满意、顾客满意与顾客忠诚之间的关系进行了综述。在对以上问题说明的基础上，总结已有研究成果的贡献，分析其不足，揭示已有研究对本书后续研究的启示。通过本章的文献综述工作，进一步深化本书的研究意义，明确本书的研究方向和需要深入研究的问题，为后续章节的研究工作奠定基础。

第 3 章　顾客能力对共创价值的作用机制

本章研究目的是从顾客能力的角度，研究共创价值的形成机理。探讨顾客能力对顾客参与的作用，以及顾客偏好在顾客能力影响顾客参与的过程中产生的调节作用；研究顾客参与如何影响共创价值及顾客信任在顾客参与影响共创价值中的中介作用。本章研究理论模型如图 3-1 所示。

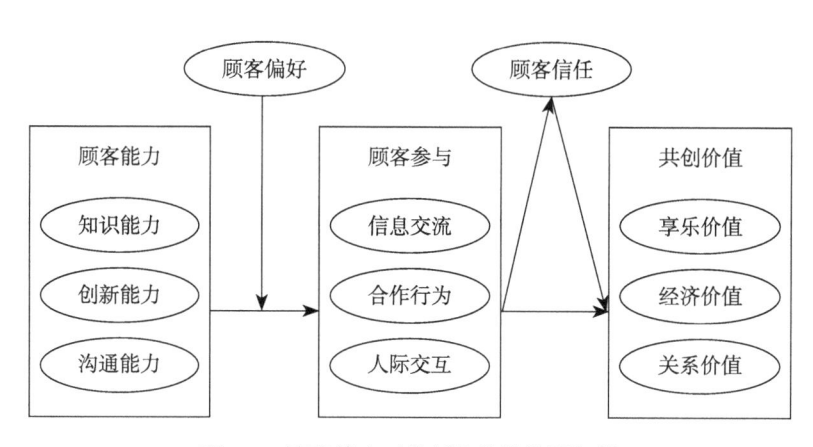

图 3-1　顾客能力对共创价值的作用机制

3.1　假设提出

3.1.1　顾客能力与顾客参与

普拉哈拉德等人认为，顾客能力是企业竞争力的新来源，顾客能力是指顾客所具有的知识、学习和实践的欲望及积极参与对话的能力[79]。基于顾客经济下的竞争范式，唐跃军等将顾客能力定义为：基于外部市场环境的核心能力的有效延展，是市场环境下，企业核心能力在顾客竞争中的外在化[80]。卡纳等人意识到顾客的专业技能、合作能力和信息沟通能力在共创价值中的重要性，顾客受教育程度会影响其参与共创价值的意愿及参与程度[81]。奥德丽等人将顾客能力分为认知性能力、功能性能力和反馈能力，他们的研究认为，顾客能力水平的高低会影响顾客参与服务企业共创价值的积极性[82]。彭艳君和管婷婷在以家装行业为研究对象时，构建了顾客能力对顾客参与价值共创影响的概念模型，并将顾客能力分为知识能力、创新能力和沟通能力[83]。本书认为顾客能力是指顾客所拥有的知识、技能、学习意愿及参与对话的能力，并将顾客能力分为知识能力、创新能力和沟通能力三个维度。

凯利等人认为，顾客参与是顾客在与服务企业或组织进行交流时所呈现的肢体行为、心理、认知和情绪上反应的综合行为[66]。范多伦等人认为，顾客参与是顾客出于某种动机对服务企业或组织表现出兴趣时的一种非交易行为，这种非交易行为主要包括提出建议，向其他人推荐该服务企业或组织，帮助该服务企业或者组织宣传产品或者服务，撰写博客或发表网上评论等行为[68]。霍勒贝克将顾客参与视为顾客与服务企业互动时产生的心理状态，这种心理状态涉及顾客的认知、情感和行为等方面并且随环境的变化而发生改变[70]。凯洛格等人提出顾客参与是一个多维概念，包括顾客的认知、情绪和行为等因素，顾客可能在不同的环境中与不同的利益相关者有不同的形式参与[73]。本书认为顾客参与是在服务过程中顾客所有与服务相关的行为的总和，并将顾客参与分为信息交流、合作行为和人际互动三个维度。

顾客知识能力体现为顾客具有的学历水平及顾客受教育的程度。高知识能力顾客拥有丰富的专业知识和较高的专业技能，并能够将专业知识很好地应用到实践中。在与服务人员互动的过程中，能够清楚地表达自身的需求，同时向服务人员提供更加完善和准确的专业信息。因此，具有高知识能力的顾客可以使得信息交流和沟通更加顺利有序地进行。高知识能力的顾客具有很好的理解能力，在与服务员工互动过程中能够积极配合服务员工完成整个服务过程，并能够很快理解和遵守企业的相关规定，更加有利于与服务企业之间的合作行为的发生。高知识能力的顾客，具有较高的素质水平，能够友好地与服务员工进行交流，对服务表现好的员工进行赞美，能够和服务人员融洽相处，并表现出更加主动的人际交互行为。本书提出如下假设：

H1a：知识能力对信息交流具有正向影响。

H1b：知识能力对合作行为具有正向影响。

H1c：知识能力对人际交互具有正向影响。

顾客创新能力体现为顾客发现问题和解决问题的能力。当前学者已经认识到顾客创新能力在顾客行为研究中的重要性，顾客如果在参与价值共创中发挥创造力，提出新的想法和创意，就能够优化产品和服务，为企业创新提供新的构想[195-196]。高创新能力的顾客思维比较活跃，处理问题具有化繁为简的能力，在与服务人员互动的过程中，善于发现服务企业存在的问题，并能够清楚地向服务人员表达出来，同时向服务人员提供解决问题的方法，从而有利于顾客与服务企业之间的交流。高创新能力的顾客在与服务企业员工互动过程中不仅能够发现企业中存在的问题，还能积极配合员工按照企业的相关规定创新性地提出解决问题的办法，从而有利于顾客与服务企业之间合作行为的发生。高创新能力的顾客，会表现出较高的素质涵养，能够针对服务中存在的问题与服务人员进行友好交流，并使其欣然接受解决问题的办法，从而有利于顾客与服务企业之间的人际交互行为。本书提出如下假设：

H1d：创新能力对信息交流具有正向影响。

H1e：创新能力对合作行为具有正向影响。

H1f：创新能力对人际交互具有正向影响。

顾客沟通能力体现为顾客愿意花费时间向企业员工表达个人需求或愿望的能力。高沟通能力顾客具有较好的语言表达能力，在与服务企业员工互动的过程中，能够清楚地表达自身的需求，能够使用恰当的语言向服务人员进行准确的传递，有利于顾客与服务企业之间的信息交流。高沟通能力的顾客在与服务企业员工互动过程中愿意花费时间配合服务人员完成整个服务过程，在遵守企业相关规定的情况下表达个人需求或愿望，利于顾客与服务企业之间的合作行为的发生。高沟通能力的顾客具有较高的情商，能够友好地与服务企业员工进行交流，对服务表现好的员工进行赞美，能够和服务人员融洽相处，并表现出更加主动的人际交互行为。本书提出如下假设：

H1g：沟通能力对信息交流具有正向影响。

H1h：沟通能力对合作行为具有正向影响。

H1i：沟通能力对人际交互具有正向影响。

3.1.2 顾客偏好的调节作用

顾客偏好是个体的一种稳定的心理特质，是指顾客通过消费对产品或服务的喜好程度[197]。计划行为理论认为，顾客行为意向主要受到顾客对行为的态度、主观规范和感知行为控制三个因素的影响。其中"顾客对行为的态度"就是顾客对自身参与共创价值活动的态度，体现为顾客对顾客参与价值创造和拥有个性化产品或服务的需求程度。顾客根据自己的意愿对可供消费的商品或商品组合进行排序，这种排序反映了顾客自己的需要、兴趣和嗜好。霍勒贝克等人的研究结果表明，顾客本身具有的属性与顾客参与具有较强的关联性，拥有较高顾客偏好的顾客比拥有较低顾客偏好的顾客表现出更加积极的顾客参与意愿[197]。罗伊（Roy）等人指出，在零售行业中对于相同或者相似顾客能力的顾客，具有较高顾客偏好的顾客往往会表现出较为积极的顾客参与行为[198]。

顾客知识能力体现为顾客具有的学历水平及顾客受教育的程度。高知识能力顾客表现为拥有丰富的专业知识和较高的专业技能，并能够将专业知识很好地应用到实践中。顾客创新能力体现为顾客发现问题和解决问题的能力。高创新能力的顾客体现为具有良好的发现问题和解决问题的能力。顾客沟通能力体现在顾客愿意花费时间向企业员工表达个人需求或愿望的能力。高沟通能力顾客具有较好的语言表达能力，在与服务企业员工互动的过程中，能够清楚地表达自身的需求。高顾客偏好的顾客具体表现为顾客对服务企业有一定情感上的偏爱，顾客认同服务企业所代表的价值观和生活方式，在其他服务企业有优惠的情况下，顾客仍会继续选择该服务企业。具有相同知识能力、创新能力、沟通能力的顾客在与服务企业员工接触时，由于高顾客偏好的顾客在情感上的付出要比低顾客偏好的顾客高，进而引发高顾客偏好的情感依赖性更加强烈，而情感依赖性的增加会对顾客的行为和心理产生积极的影响，使拥有相同知识能力、创新能力、沟通能力的高顾客偏好顾客可以更加清楚地向服务人员表达自己的需求，从而比低顾客偏好的顾客会表现出更加积极的信息交流行为。高顾客偏好的顾客对服务企业表现出的情感偏好和依赖性，会使其更加积极配合服务人员的工作，并自觉遵守服务企业的相关规定，避免自己的行为对其他顾客产生不良的影响，从而拥有相同知识能力、创新能力、沟通能力高顾客偏好的顾客会比低顾客偏好的顾客表现出更加积极的合作行为。高顾客偏好的顾客对服务企业表现出的情感偏好和依赖性，也会使高顾客偏好的顾客更加礼貌地和服务人员进行交流，并更加主动地赞美服务人员，因而可以和服务人员相处得更加融洽，从而拥有相同知识能力、创新能力、沟通能力高顾客偏好的顾客会比低顾客偏好的顾客表现出更加积极的人际交互行为。顾客知识能力、创新能力、沟通能力对信息交流，合作行为和人际交互的影响在面对具有高低偏好的顾客时，会有不同的影响结果。本书提出如下假设：

H2a：顾客偏好在知识能力对信息交流的影响中具有调节效应。

H2b：顾客偏好在知识能力对合作行为的影响中具有调节效应。

H2c：顾客偏好在知识能力对人际交互的影响中具有调节效应。

H2d：顾客偏好在创新能力对信息交流的影响中具有调节效应。

H2e：顾客偏好在创新能力对合作行为的影响中具有调节效应。

H2f：顾客偏好在创新能力对人际交互的影响中具有调节效应。

H2g：顾客偏好在沟通能力对信息交流的影响中具有调节效应。

H2h：顾客偏好在沟通能力对合作行为的影响中具有调节效应。

H2i：顾客偏好在沟通能力对人际交互的影响中具有调节效应。

3.1.3 顾客参与与共创价值

共创价值是指作为同伴主体的生产者和顾客共同创造自己和彼此价值的过程。在这个共同创造过程中，这两个主体通过不断的对话和互动，一起构建个性化的服务体验[94]。本书依据张（Zhang）等人对共创价值的测量，将共创价值分为三个维度，分别为享乐价值、经济价值和关系价值。享乐价值指的是顾客的个人情感和感觉，体现在顾客与企业服务员工或与其他顾客交互过程中产生的体验和感觉；经济价值主要与信息搜索和更新相关，并体现为与服务提供者合作创造更高质量的产品或者服务；关系价值主要体现在顾客的社会互动性上[106]。本书认为顾客参与是在服务过程中顾客所有与服务相关的行为的总和，并将顾客参与分为信息交流、合作行为和人际互动三个维度。

顾客积极的信息交流行为体现为顾客可以更加清楚和准确地向服务人员表达自己的需求，顾客这种积极的消费行为往往伴随着顾客主观上积极的情感，顾客很享受参与服务的过程，认为参与服务的过程是十分有趣和令人愉快的，从而有利于提高顾客的享乐价值。根据社会互动理论，顾客也会将这种积极的情感传递给与顾客接触的服务企业员工，员工可以感知到来自顾客的赞美，从而会更好地为顾客服务。对于顾客来讲，服务企业员工积极的反馈会让顾客得到较高的服务质量和个性化的服务，从而有利于提高顾客的经济价值。顾客这种积极的信息交流行为也会使他们乐意将自己的消费体验分享给朋友，并将该服务企业推荐给他们，并与服务企业长期保持良好的关系，从而有利于提高顾客的关系价值。本书提出如下假设：

H3a：信息交流对享乐价值具有正向影响。

H3b：信息交流对经济价值具有正向影响。

H3c：信息交流对关系价值具有正向影响。

第3章 顾客能力对共创价值的作用机制

顾客与服务企业之间良好的合作行为体现为顾客可以积极配合服务人员的工作，并在参与服务的过程中自觉遵守服务企业的相关规定，避免自己的行为对其他顾客产生不良的影响。顾客表现出对自己行为的控制和约束会使其对服务企业产生组织归属感和组织认同感，这种潜意识的消费行为会让顾客享受参与服务的过程，认为参与服务的过程是十分有趣和令人愉快的，从而有利于提高顾客的享乐价值。顾客在参与服务过程中表现出的良好合作行为，可以与服务企业员工更好地交流，使服务人员为顾客提供高质量的顾客化产品，让顾客可以得到优质的服务和更高的服务质量，从而有利于提高顾客的经济价值。顾客良好的合作行为反映了顾客较高的素质修养，与服务人员也更加容易友好地沟通和交流，使顾客与服务企业员工建立良好的关系，顾客也更加愿意将自己的消费体验分享给自己的朋友，从而有利于提高顾客的关系价值。本书提出如下假设：

H3d：合作行为对享乐价值具有正向影响。

H3e：合作行为对经济价值具有正向影响。

H3f：合作行为对关系价值具有正向影响。

顾客良好的人际交互行为体现在服务过程中，顾客可以礼貌地与服务人员进行交流，能够与服务人员相处融洽，并会及时地赞美服务人员的工作。顾客与服务人员之间这种积极的情感交流，会使顾客很享受参与服务的过程，服务过程会令顾客感觉十分有趣和愉快，从而提高顾客的享乐价值。顾客通过与服务企业员工之间友好的交流，加深彼此之间的信任并建立紧密的关系。与服务企业员工建立密切关系的顾客，能在与服务人员友好的交流中感知到优质的服务和更高的服务质量，从而有利于提高顾客的经济价值。由于顾客与服务人员之间通过友好的沟通建立了密切的关系，顾客更加愿意将这种消费体验分享给自己的朋友，从而有利于提高顾客的关系价值。本书提出如下假设：

H3g：人际交互对享乐价值具有正向影响。

H3h：人际交互对经济价值具有正向影响。

H3i：人际交互对关系价值具有正向影响。

3.1.4 顾客信任的中介作用

顾客信任是指顾客对某一企业、某一品牌的产品或服务认同和信赖，它是顾客满意不断强化的结果，与顾客满意倾向于感性感觉不同，顾客信任是顾客在理性分析基础上的肯定、认同和信赖。只有在企业提供的产品和服务成为顾客不可或缺的需要和享受时，顾客信任才会形成，其表现是长期关系的维持和重复购买，以及对企业和产品的重点关注，并且在这种关注中寻找巩固信任的信息或者求证不信任的信息以防受欺。已有研究表明，顾客参与对共创价值的影响往往会受到其他变量的影响[199-202]。在顾客参与影响共创价值的过程中，顾客对服务企业的信任程度会影响顾客共创价值的结果，相较于使顾客具有低信任感的服务企业，让顾客具有高信任感的服务企业往往具有较高的共创价值。

顾客通过参与共创价值行为，有利于对服务企业或者服务企业员工产生信任。具体表现为，拥有较为积极信息交流意愿的顾客，通过与服务企业员工的交流可以促进顾客信任的产生。顾客的合作行为可以增进顾客与服务企业员工彼此之间的了解，从而可以增强顾客对服务企业员工和服务企业的信任感。顾客与服务企业及员工之间的不断互动，一方面可以加强顾客对服务企业和服务企业员工的了解；另一方面也促使服务企业更好地服务顾客，最终这种积极的互动，都会促进顾客信任的产生。本书提出如下假设：

H4a：信息交流对顾客信任具有正向影响。

H4b：合作行为对顾客信任具有正向影响。

H4c：人际交互对顾客信任具有正向影响。

对顾客来讲，相比于低信任感的企业，高信任感的企业更容易让顾客享受消费过程，顾客在高信任感的服务消费场所更加有利于与服务企业员工之间建立更加积极的情感交流，更愿意向员工流露出自己的情感，进而有利于提高顾客的享乐价值；相比于低信任感的企业，高信任感的企业更容易让顾客感受到高质量的服务体验，从而会有利于顾客参与产品或者服务的消费过程，分享产品或服务的改善意见等，进而提高顾客的经济价值；相比于低信任感的企业，高信任感的企业更容易让顾客将自己的消费体验分享给身边的朋友，并与服务企业员工建立更加友好的人际关系，与服务企业保持较为积极的联系，进而提高顾客的关系价值。本书提出如下假设：

H5a：顾客信任对享乐价值具有正向影响。

H5b：顾客信任对经济价值具有正向影响。

H5c：顾客信任对关系价值具有正向影响。

综上所述，顾客参与对顾客信任具有积极的影响，顾客信任会正向促进顾客参与共创价值行为。共创价值的形成是由顾客参与对其影响的直接效应，以及顾客参与影响顾客信任，进而影响共创价值的间接效应组成。本书提出如下假设：

H6a：顾客信任在信息交流影响享乐价值的过程中具有中介效应。

H6b：顾客信任在信息交流影响经济价值的过程中具有中介效应。

H6c：顾客信任在信息交流影响关系价值的过程中具有中介效应。

H6d：顾客信任在合作行为影响享乐价值的过程中具有中介效应。

H6e：顾客信任在合作行为影响经济价值的过程中具有中介效应。

H6f：顾客信任在合作行为影响关系价值的过程中具有中介效应。

H6g：顾客信任在人际交互影响享乐价值的过程中具有中介效应。

H6h：顾客信任在人际交互影响经济价值的过程中具有中介效应。

H6i：顾客信任在人际交互影响关系价值的过程中具有中介效应。

3.2 研究设计与数据处理

3.2.1 变量测量

顾客能力对共创价值的作用路径包括顾客能力、顾客参与、共创价值、顾客偏好和顾客信任 5 个变量。

（1）顾客能力。本书将采用彭艳君和管婷婷在以家装行业为研究对象时，构建的顾客能力对顾客参与价值共创影响的概念模型,将顾客能力分为知识能力、创新能力和沟通能力3个维度[83]。其中,知识能力包含"我能较好地将自己所学的专业知识应用到实践活动中""我自己会主动学习实践活动中所需的专业技能""我会主动将自己所学的专业技能应用到实践活动中"3个题项;创新能力包含"我能够对工作中现有的方法做出灵活运用,并创造性地提出新的方法""我具备良好的发现问题和解决问题的能力""我能够及时地发现工作中的问题""我能够采取有效的措施解决工作中的问题"4个题项;沟通能力包含"在服务过程中愿意花费时间向企业员工表达我的个人需求""在服务过程中愿意花费时间向企业员工分享我的意见""能够向服务企业提供建议以改善服务结果"3个题项。

(2)顾客参与。本书将采用维韦克(Vivek)对顾客参与研究开发的测量量表对本书中的顾客参与概念进行测量,分别从信息交流、合作行为和人际互动3个方面进行测量,共包含9个测量题项[203]。其中,信息交流包含"接受该项服务时,我能够清楚地向服务人员表达我的需求""我能够向该服务企业提供完成该项服务所需的信息及相关材料""服务过程,我传递给服务人员的信息是准确合理的"3个题项;合作行为包含"服务过程中,我能够配合服务人员的工作,以便顺利完成该项服务""我总是能够认真履行该服务企业期望我完成的行为""服务过程中,我能够遵守该企业的相关规定,避免自己的行为对其他顾客产生不良的影响"3个题项;人际交互包含"服务过程中,我能够礼貌地和服务人员进行交流""服务过程中,如果服务人员表现好,我会赞美他们""在整个服务过程中,我能够和这里的顾客、服务人员都相处融洽"3个题项。

(3)共创价值。本书将采用张等人对共创价值研究开发的测量量表对本书中共创价值变量进行测量,分别从享乐价值、经济价值和关系价值3个方面测量。享乐价值指的是顾客的个人情感和感觉,体现为顾客与服务企业员工或与其他顾客交互过程中产生的体验和感觉;经济价值主要与信息搜索和更新相关,并体现为与服务提供者合作创造更高质量的产品或者服务;关系价值主要体现为顾客的社会互动性上[106]。享乐价值包含"我很享受参与服务的过程""参与服务的过程是令人非常愉快的""参与服务的过程是十分有趣的"3个题项；经济价值包含"在服务过程中可以得到更优质的服务""在服务过程中可以得到更加个性化的服务""在服务过程中可以得到更好的服务质量"3个题项；关系价值包含"与服务企业建立更好的关系""可以与服务企业更好的沟通""可以与好朋友分享在服务企业的消费体验"3个题项。

（4）顾客偏好。本书采用斯里尼瓦桑（Srinivasan）和帕克（Park）开发的顾客偏好测量量表对本书中的顾客偏好进行测量[204]。顾客偏好包含"随着交易次数的增加，我对该服务企业有一定情感上的偏爱""我认同该服务企业所代表的价值观和生活方式""在其他服务企业有优惠的情况下，我仍会继续光顾该企业"3个题项。

（5）顾客信任。本书采用克（Keh）和谢（Xie）等人开发的顾客信任测量量表对本书中的顾客信任进行测量[185]。顾客信任包含"总的来说，我对这家企业的服务感到满意""我会推荐这家企业给别人""我和服务企业中的员工交流没有距离感"3个题项。

根据各变量的测量方法，制作调查问卷，采用7级李克特量表，"1代表完全不同意，7代表同意"。每个变量的具体测量题项如表3-1所示。

表3-1 服务企业中顾客能力对共创价值作用路径的测量题项

变量	编号	测量问题	题项来源
知识能力 KA	KA1	我能较好地将自己所学的专业知识应用到实践活动中	彭艳君和管婷婷[83]
	KA2	我自己会主动学习实践活动中所需的专业技能	
	KA3	我会主动将自己所学的专业技能应用到实践活动中	
创新能力 IA	IA1	我能够对工作中现有的方法做出灵活运用，并创造性地提出新的方法	彭艳君和管婷婷[83]
	IA2	我具备良好的发现问题和解决问题的能力	
	IA3	我能够及时地发现工作中的问题	
	IA4	我能够采取有效的措施解决工作中的问题	

续表

变量	编号	测量问题	题项来源
沟通能力 NA	NA1	在服务过程中愿意花费时间向企业员工表达我的个人需求	彭艳君和管婷婷[83]
	NA2	在服务过程中愿意花费时间向企业员工分享我的意见	
	NA3	能够向服务企业提供建议以改善服务结果	
顾客偏好 UP	UP1	随着交易次数的增加，我对该服务企业有一定情感上的偏爱	斯里尼瓦桑和帕克[204]
	UP2	我认同该服务企业所代表的价值观和生活方式	
	UP3	在其他服务企业有优惠的情况下，我仍会继续光顾该企业	
信息交流 IE	IE1	接受该项服务时，我能够清楚地向服务人员表达我的需求	维韦克[203]
	IE2	我能够向该服务企业提供完成该项服务所需的信息及相关材料	
	IE3	服务过程，我传递给服务人员的信息是准确合理的	
合作行为 CB	CB1	服务过程中，我能够配合服务人员的工作，以便顺利完成该项服务	维韦克[203]
	CB2	我总是能够认真履行该服务企业期望我完成的行为	
	CB3	服务过程中，我能够遵守该企业的相关规定，避免自己的行为对其他顾客产生不良的影响	
人际交互 UC	UC1	服务过程中，我能够礼貌地和服务人员进行交流	维韦克[203]
	UC2	服务过程中，如果服务人员表现好，我会赞美他们	
	UC3	在整个服务过程中，我能够和这里的顾客、服务人员都相处融洽	
顾客信任 CL	CL1	总的来说，我对这家企业的服务感到满意	克和谢[185]
	CL2	我会推荐这家企业给别人	
	CL3	我和服务企业中的员工交流没有距离感	
享乐价值 EV	EV1	我很享受参与服务的过程	张等人[106]
	EV2	参与服务的过程是令人非常愉快的	
	EV3	参与服务的过程是十分有趣的	

续表

变量	编号	测量问题	题项来源
经济价值 ECV	ECV1	在服务过程中可以得到更优质的服务	张等人[106]
	ECV2	在服务过程中可以得到更加个性化的服务	
	ECV3	在服务过程中可以得到更好的服务质量	
关系价值 RV	RV1	与服务企业建立更好的关系	张等人[106]
	RV2	可以与服务企业更好地沟通	
	RV3	可以与好朋友分享在服务企业的消费体验	

3.2.2 数据收集

本书针对餐饮行业进行调查。为保证调查问卷的测量的有效性，在正式问卷调查开始之前，选取东北地区某高校的 100 名在校学生对初始问卷进行预测试（未包含在最后样本中）。对预测试的所收集的数据分别进行探索性因子分析和信效度分析。探索性因子分析结果表明，初始问卷测量量表的公因子累积方差贡献率均在 75% 以上，达到了较高水平。其中初始问卷测量题项的因子载荷均在 0.5 以上，表明调查问卷的结构效度良好[205]。所有潜变量的 Cronbach's α 系数均超过了 0.7 的可接受水平，表明初始调查问卷的可信度较好。

正式调研中，本书研究人员通过在沈阳地区随机选取部分餐饮企业，并在现场向正在参与消费的顾客发放问卷 400 份，让顾客现场填写顾客能力对顾客参与影响的调查问卷。由于一些问卷中包含未完成打分的题项和部分顾客随意填写未满足问卷填写要求，剔除此类无效问卷共 20 份，保留有效问卷 380 份，回收问卷有效率为 95%，满足实证分析对数据的要求。为了保证本书样本选取的代表性，在数据分析之前，先进行问卷样本的结构分析,具体样本特征如表 3-2 所示。结果表明，研究所选取的样本代表性较强，具体表现为性别结构男性比率为 52.6%，年龄分布 26~50 岁为主要消费群体，学历概况以本科学历及以下为主要学历背景，样本结构分析结果均与实际情况相比较为合理。

表 3-2 样本统计特征

人口概况	人口统计学变量	频数	频率 /%
性别	男	200	52.6
	女	180	47.4
年龄	25 岁及以下	78	20.5
	26~35 岁	79	20.8
	36~50 岁	100	26.3
	51~60 岁	73	19.2
	60 岁及以上	50	13.2
学历	专科及以下	150	39.5
	本科	129	33.9
	硕士研究生	69	18.2
	博士研究生及以上	32	8.4

3.2.3 信度和效度检验

3.2.3.1 共同方法变异检验

本书在数据收集的过程中均采用自我报告的方法，尽管采用了变换测量题项的作答方向、改变测量题项的顺序等方式进行控制，一定程度上控制了共同方法变异（CMV），但本书数据收集发生在相同的时间段内，采用了相同的调查工具，因此仍需要对共同方法变异进行检验。本书采用 Harman 单因素检验对共同方法变异问题进行统计控制，对问卷所有的测量题项进行最大方差提取法主成分分析，在未旋转时得到的第一主成分反映了共同方法变异的量。在本书中，按照上述操作得出第一主成分为 18.36%，不占大多数，表明第一主成分并未解释大部分的变量，即本书的共同方法变异可以接受。

3.2.3.2 量表的信度检验

量表的合理性主要是指所设置的题项是否完整全面，有效的量表在题项更

第3章 顾客能力对共创价值的作用机制

新前后所得的测量结果有较高的相关性，否则，如果差异较大，则意味着所设置的题项可能并非对同一个对象的测量，题项可能无法达到预期的测量目的。信度分析是对量表的有效性进行研究，首先对各个题项作基本描述统计、计算各个题项的简单相关系数及删除一个题项后其他题项之间的相关系数，对信度进行初步分析。本书运用 SPSS 17.0 对量表的信度进行分析，其分析结果如表 3-3 所示。分析结果表明，测量题项的项目删除后 Cronbach's α 值处于较高的水平，说明测量题项具有很好的可靠性。

表 3-3 量表的信度分析

项目	项目删除后均值	项目删除后方差	项目与总体的相关系数	相关系数平方	项目删除后 Cronbach's α 值
KA1	3.905	1.676	0.351	0.123	0.935
KA2	4.032	1.309	0.391	0.153	0.927
KA3	3.616	1.737	0.336	0.113	0.944
IA1	3.065	1.971	0.535	0.286	0.930
IA2	3.309	1.657	0.562	0.316	0.935
IA3	3.013	1.812	0.674	0.454	0.932
IA4	3.412	2.022	0.468	0.219	0.899
NA1	3.468	2.286	0.541	0.293	0.908
NA2	3.665	1.959	0.439	0.193	0.941
NA3	3.621	1.162	0.627	0.393	0.959
UP1	3.953	2.175	0.591	0.349	0.923
UP2	3.599	1.846	0.706	0.498	0.919
UP3	3.500	0.564	0.448	0.201	0.930
IE1	3.085	2.773	0.557	0.310	0.932
IE2	4.083	1.370	0.701	0.491	0.944
IE3	3.239	1.258	0.392	0.154	0.922

续表

项目	项目删除后均值	项目删除后方差	项目与总体的相关系数	相关系数平方	项目删除后Cronbach's α值
CB1	3.404	1.723	0.613	0.376	0.959
CB2	3.980	1.488	0.488	0.238	0.919
CB3	3.264	0.762	0.506	0.256	0.913
UC1	3.469	1.419	0.555	0.308	0.929
UC2	3.070	1.551	0.612	0.375	0.942
UC3	4.066	1.595	0.630	0.397	0.919
CL1	3.768	1.987	0.325	0.106	0.955
CL2	3.712	2.479	0.565	0.319	0.902
CL3	3.306	1.539	0.707	0.500	0.924
EV1	3.800	1.487	0.378	0.143	0.939
EV2	3.651	0.938	0.391	0.153	0.920
EV3	3.146	2.252	0.697	0.486	0.924
ECV1	3.784	1.351	0.630	0.397	0.925
ECV2	4.369	1.061	0.424	0.180	0.943
ECV3	3.662	0.373	0.465	0.216	0.920
RV1	3.515	1.602	0.632	0.399	0.930
RV2	3.962	0.985	0.406	0.165	0.942
RV3	4.148	0.906	0.424	0.180	0.933

在3.2.2节问卷设计的过程中，量表的测量题项虽然参考了文献中的成熟量表，但因为在研究的过程中根据具体的研究问题，对已有文献中的测量题项进行了修改，本节将对量表的信度和效度水平进行检验。运用Amos 7.0对问卷数据进行验证性因子分析，对最终的评价量表作信度检验来进一步了解其可

靠性与有效性，测量模型的主要拟合指标如下：卡方值为 458.32，GFI=0.901，CFI=0.889，NFI=0.912，IFI=0.874，RMSEA=0.032，SRMR=0.026。根据拟合优度指数判断，本书的测量工具与数据拟合程度较好。

本书利用 Cronbach's α 系数检验问卷的信度，这是目前最常用的同质信度检验方法，同质信度是指量表项目之间的同质性或内部一致性，用来检验量表内部所有项目间的一致性[205]。Cronbach's α 系数越高，表明量表的内部一致性越好。一般而言，α 大于 0.8 表示内部一致性极好，α 在 0.6~0.8 表示较好，而低于 0.6 表示内部一致性较差。Cronbach's α 系数用来检验问卷的信度，一般来讲该系数越高，量表的内部一致性就越好。信度检验结果如表 3-4 所示，所有潜变量的 Cronbach's α 值均大于 0.7，其中最小值为 0.772，最大值为 0.894。此外各潜变量的组合信度值（Composite Reliability，CR）也处于较高的水平，最小值为 0.808，最大值为 0.878，表明该测量量表具有较好的信度水平。

表 3-4 测量模型的验证性因子分析

变量	题项	因子载荷	T 值	Cronbach's α 值	CR 值	AVE 值
知识能力 KA	KA1	0.765	13.966	0.865	0.854	0.565
	KA2	0.797	13.992			
	KA3	0.804	15.465			
创新能力 IA	IA1	0.654	10.967	0.854	0.856	0.608
	IA2	0.762	12.827			
	IA3	0.771	13.125			
	IA4	0.786	14.526			
沟通能力 NA	NA1	0.827	15.374	0.826	0.834	0.571
	NA2	0.748	14.589			
	NA3	0.769	14.963			

续表

变量	题项	因子载荷	T 值	Cronbach's α 值	CR 值	AVE 值
顾客偏好 UP	UP1	0.834	14.375	0.772	0.857	0.551
	UP2	0.861	15.617			
	UP3	0.754	12.891			
信息交流 IE	IE1	0.778	14.231	0.851	0.877	0.592
	IE2	0.795	15.013			
	IE3	0.817	14.962			
合作行为 CB	CB1	0.804	14.584	0.845	0.866	0.598
	CB2	0.844	12.352			
	CB3	0.822	15.328			
人际交互 UC	UC1	0.884	16.871	0.867	0.875	0.607
	UC2	0.817	14.552			
	UC3	0.792	14.187			
顾客信任 CL	CL1	0.779	13.568	0.832	0.857	0.548
	CL2	0.797	14.295			
	CL3	0.785	13.864			
享乐价值 EV	EV1	0.812	15.027	0.865	0.808	0.577
	EV2	0.878	15.967			
	EV3	0.845	15.384			
经济价值 ECV	ECV1	0.775	14.084	0.894	0.817	0.585
	ECV2	0.786	15.352			
	ECV3	0.744	13.757			
关系价值 RV	RV1	0.897	16.384	0.865	0.878	0.662
	RV2	0.823	15.194			
	RV3	0.867	15.695			

3.2.3.3 量表的效度检验

效度是说明一个量表有效性的重要指标,具有高效度的量表,其信度也可以得到基本的保证。效度检验主要包含内容效度和结构效度;结构效度包含收敛效度和区别效度。

内容效度是指量表反映它所要评价的内容的真实程度,内容效度的确定没有量化指标,只是一种推理和判断的过程,它属于定性评价效度的主观指标,主要由专家根据经验作系统的比较加以判断,它的建立依赖两个条件,一是要有定义完好的内容范围,二是测验题目应是所界定的内容范围的代表性取样,如果量表题目适当地反映了所测的内容,则量表具有较好的内容效度。

结构效度是指测量工具的测量结果(可观测变量)对其理论上的结构(不能直接观测的抽象概念或特征)所能正确反映的程度。如果测量结果能反映理论上的概念与特征,则认为此测量工具具有结构效度。区别效度也称项目区分度,是指量表鉴别不同水平评定内容的能力。一般根据某一标准将研究对象分成不同的组别,分析待评量表及其各条目在两组间的差异大小,如差异有统计学意义,则认为该量表及条目具有很好的区分效度。

本书对量表的内容效度、收敛效度和区别效度进行分析。

(1)内容效度。本书旨在建立服务企业中顾客能力对共创价值作用路径的调查问卷量表,结合服务营销与管理学领域相关专家的意见和看法,对量表内容进行反复评估和修订。为了确保量表的内容效度,本书所涉及变量测量的题项均来源于已有的成熟量表。为了避免问卷题项语义偏差对问卷质量的影响,项目研究者对所有英文量表题项翻译和回译成中文,经5名管理学教授进行审阅和修订。随后,邀请5名博士研究生针对问卷题项进行了长达2小时的深入访谈,调整了问卷中部分易产生歧义和语义不通顺的题项,最终得到34个题项作为正式调查问卷的依据,以此来保证本研究的量表具备良好的内容效度。

（2）收敛效度。本书采用题项对应潜变量的标准化因子载荷和潜变量的平均方差提取量（AVE 值）作为评价量表收敛效度的指标。由表 3-4 分析可知，所有测量题项对应潜变量的标准化因子载荷均在 0.5 以上，且都在 0.05 的水平上显著，此外，各潜变量的 AVE 值都在 0.5 以上，表明各测量指标解释了潜变量的大部分方差，因此可以认为该量表具有较好的收敛效度，能较好地反映服务企业中顾客能力对共创价值作用路径。

（3）区别效度。AVE 值的平方根应大于该潜变量与其他潜变量的相关系数。如表 3-5 所示，对角线数值表示 AVE 值的算术平方根，知识能力（KA）为 0.752、创新能力（IA）为 0.780、沟通能力（NA）为 0.756、顾客偏好（UP）为 0.742、信息交流（IE）为 0.769、合作行为（CB）为 0.773、人际交互（UC）为 0.779、顾客信任（CL）为 0.740、享乐价值（EV）为 0.760、经济价值（ECV）为 0.765 和关系价值（RV）为 0.814，均大于其所在的该列所有数值，说明该问卷中各个潜变量之间区别效度较好，每个潜变量之间存在着较为明显的差异，该问题的测量量表拥有较高的量表效度。

表 3-5 区别效度的分析结果

变量	KA	LA	NA	UP	IE	CB	UC	CL	EV	ECV	RV
知识能力 KA	0.752	—	—	—	—	—	—	—	—	—	—
创新能力 IA	0.564	0.780	—	—	—	—	—	—	—	—	—
沟通能力 NA	0.485	0.523	0.756	—	—	—	—	—	—	—	—
顾客偏好 UP	0.382	0.215	0.535	0.742	—	—	—	—	—	—	—
信息交流 IE	0.587	0.535	0.562	0.715	0.769	—	—	—	—	—	—
合作行为 CB	0.365	0.654	0.415	0.558	0.384	0.773	—	—	—	—	—
人际交互 UC	0.541	0.365	0.635	0.632	0.536	0.556	0.779	—	—	—	—

续表

变量	KA	LA	NA	UP	IE	CB	UC	CL	EV	ECV	RV
顾客信任 CL	0.248	0.415	0.563	0.564	0.547	0.485	0.475	0.740	—	—	—
享乐价值 EV	0.364	0.524	0.669	0.595	0.635	0.236	0.457	0.567	0.760	—	—
经济价值 ECV	0.541	0.368	0.695	0.567	0.354	0.546	0.638	0.625	0.548	0.765	—
关系价值 RV	0.365	0.417	0.724	0.664	0.254	0.325	0.582	0.595	0.454	0.585	0.814

注：对角线数值表示 AVE 值的算术平方根，其他数值表示每个潜变量之间的相关系数值。

3.3 假设检验

3.3.1 顾客能力对共创价值的路径分析

本书采用结构方程模型（structural equation modeling，SEM）分析顾客能力对共创价值的作用路径，应用 Amos 7.0 软件对数据进行分析，并运用极大似然估计的方法来检验提出的模型与假设。经过 Bootstrap 5000 次抽样，分析结果具体如下：卡方值为 568.96，GFI=0.895，CFI=0.912，NFI=0.882，IFI=0.911，RMSEA=0.036，SRMR=0.003。表 3-6 为拟合参数统计表，结果表明模型拟合效果较好，假设检验结果如表 3-7 和图 3-2 所示。

表 3-6 拟合参数统计表

检验指标	χ^2/df	GFI	NFI	IFI	CFI	RMSEA	SRMR
标准值	<5.000	>0.9000	>0.9000	>0.9000	>0.9000	<0.1000	<0.1000
本模型	3.281	0.895	0.882	0.911	0.912	0.036	0.003

表 3-7 假设检验结果

假设	变量之间的关系	标准化路径系数	T 值	假设检验结果
H1a	知识能力 → 信息交流	0.277	10.236***	支持
H1b	知识能力 → 合作行为	0.274	10.228***	支持
H1c	知识能力 → 人际交互	0.378	1.940	支持（0.1 显著性水平下边缘显著）
H1d	创新能力 → 信息交流	0.243	8.468**	支持
H1e	创新能力 → 合作行为	0.290	3.866*	支持
H1f	创新能力 → 人际交互	0.281	1.622	支持（0.1 显著性水平下边缘显著）
H1g	沟通能力 → 信息交流	0.451	9.871**	支持
H1h	沟通能力 → 合作行为	0.309	4.783*	支持
H1i	沟通能力 → 人际交互	0.384	9.054**	支持
H3a	信息交流 → 享乐价值	0.413	9.884**	支持
H3b	信息交流 → 经济价值	0.266	6.208*	支持
H3c	信息交流 → 关系价值	0.276	3.812*	支持
H3d	合作行为 → 享乐价值	0.238	10.787***	支持
H3e	合作行为 → 经济价值	0.311	8.927**	支持
H3f	合作行为 → 关系价值	0.212	7.622**	支持
H3g	人际交互 → 享乐价值	0.200	9.496**	支持
H3h	人际交互 → 经济价值	0.148	8.042**	支持
H3i	人际交互 → 关系价值	0.395	12.305***	支持
H4a	信息交流 → 顾客信任	0.384	3.407*	支持
H4b	合作行为 → 顾客信任	0.294	3.318*	支持
H4c	人际交互 → 顾客信任	0.144	10.292***	支持
H5a	顾客信任 → 享乐价值	0.421	5.340*	支持
H5b	顾客信任 → 经济价值	0.423	8.243**	支持
H5c	顾客信任 → 关系价值	0.227	9.620**	支持

* $p<0.05$；** $p<0.01$；*** $p<0.001$

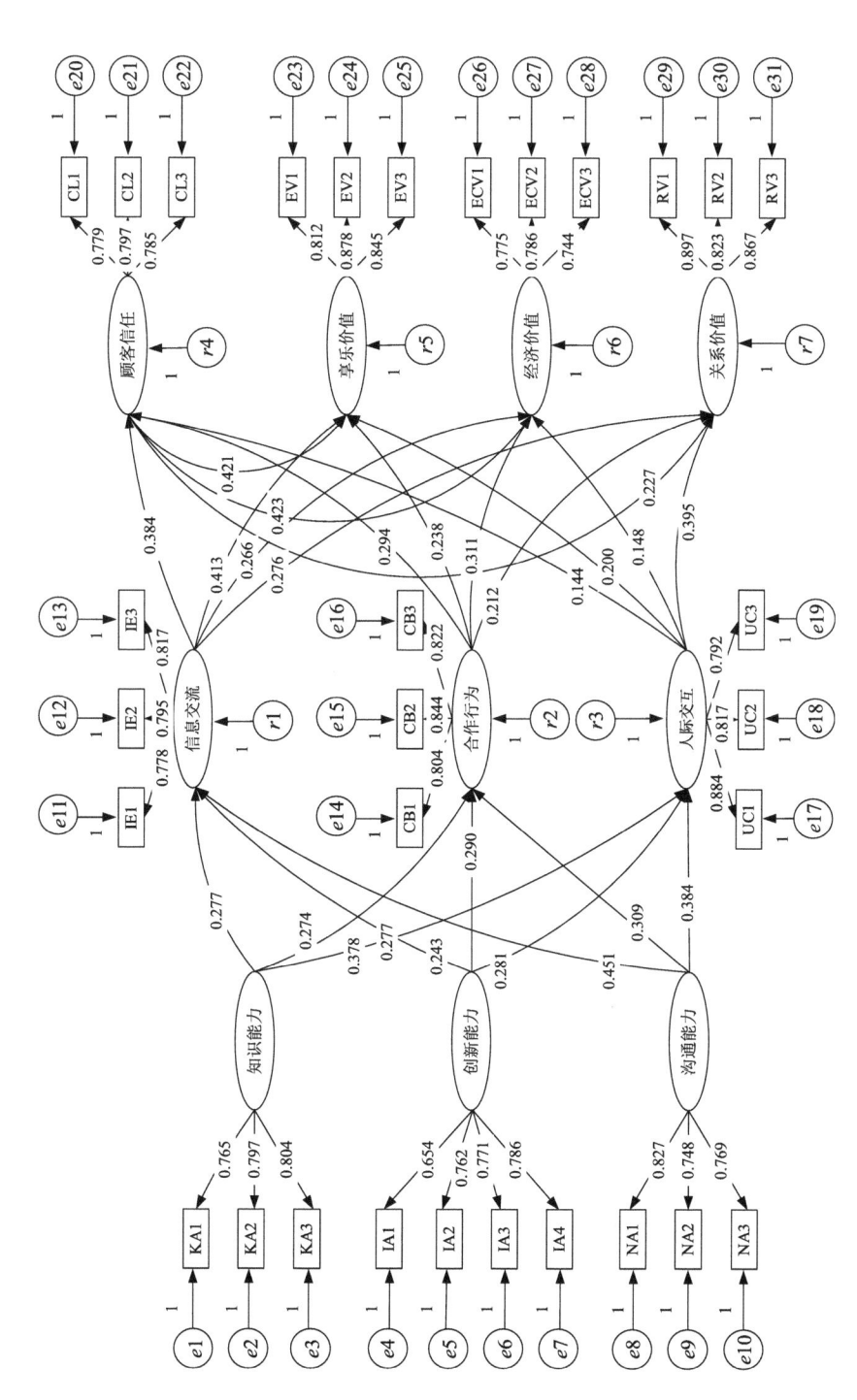

图 3-2　顾客能力对共创价值的作用机制模型拟合结果

由上述结果可以看出，在 0.001 的显著性水平下，知识能力显著影响信息交流（0.277），知识能力对信息交流具有促进作用，假设 H1a 得到验证；在 0.001 的显著性水平下，知识能力显著影响合作行为（0.274），知识能力对合作行为具有促进作用，假设 H1b 得到验证；在 0.05 的显著性水平下，知识能力不能显著影响人际交互（0.378），但在 0.1 的边缘显著性水平下知识能力对人际交互有促进作用，假设 H1c 得到验证；在 0.01 的显著性水平下，创新能力显著影响信息交流（0.243），创新能力对信息交流具有促进作用，假设 H1d 得到验证；在 0.05 的显著性水平下，创新能力显著影响合作行为（0.290），创新能力对合作行为具有促进作用，假设 H1e 得到验证；在 0.05 的显著性水平下，创新能力不能显著影响人际交互（0.281），但在 0.1 的边缘显著性水平下，创新能力对人际交互有促进作用，假设 H1f 得到验证；在 0.01 的显著性水平下，沟通能力显著影响信息交流（0.451），沟通能力对信息交流具有促进作用，假设 H1g 得到验证；在 0.05 的显著性水平下，沟通能力显著影响合作行为（0.309），沟通能力对合作行为具有促进作用，假设 H1h 得到验证；在 0.01 的显著性水平下，沟通能力显著影响人际交互（0.384），沟通能力对人际交互具有促进作用，假设 H1i 得到验证；在 0.01 的显著性水平下，信息交流显著影响享乐价值（0.413），信息交流对享乐价值具有促进作用，假设 H3a 得到验证；在 0.05 的显著性水平下，信息交流显著影响经济价值（0.266），信息交流对经济价值具有促进作用，假设 H3b 得到验证；在 0.05 的显著性水平下，信息交流显著影响关系价值（0.276），信息交流对关系价值具有促进作用，假设 H3c 得到验证；在 0.001 的显著性水平下，合作行为显著影响享乐价值（0.238），合作行为对享乐价值具有促进作用，假设 H3d 得到验证；在 0.01 的显著性水平下，合作行为显著影响经济价值（0.311），合作行为对经济价值具有促进作用，假设 H3e 得到验证；在 0.01 的显著性水平下，合作行为显著影响关系价值（0.212），合作行为对关系价值具有促进作用，假设 H3f 得到验证；在 0.01 的显著性水平下，人际交互显著影响享乐价值（0.200），人际交互对享乐价值具有促进作用，假设 H3g 得到验证；在 0.01 的显著性水平下，人际交互显著影响经济价值（0.148），人际交互对经济价值具有促进作用，假设 H3h 得到验证；在 0.001 的显著性水平下，人际交互显著影响关系价值（0.395），人际交互对关系价值具有促进作用，假设 H3i 得到验证；在 0.05 的显著性水平下，信息交流显著影响顾客信任（0.384），信息交流对顾客信任具有促进作用，假设 H4a 得到验证；在 0.05 的显著性水平下，合作行为显著影响顾客信任（0.294），合作行为对顾客信任具有促进作用，假设 H4b 得到验证；在 0.001 的显著性水平下，人际交互显著影响顾客信任（0.144），人际交互对顾客信任具有促进作用，假设 H4c 得到验证；在 0.05 的显著性水平下，顾客信任显著影响享乐价值（0.421），顾客信任对享乐价值具有促进作用，假设 H5a 得到验证；在 0.01 的显著性水平下，顾客信任显著影响经济价值（0.423），顾客信任对经济价值具有促进作用，假设 H5b 得到验证；在 0.01 的显著性水平下，顾客信任显著影响关系价值（0.227），顾客信任对关系价值具有促进作用，假设 H5c 得到验证。

3.3.2 顾客信任中介效应分析

3.3.2.1 中介效应与检验方法

所谓的中介效应是指 X 通过中介变量 M 对 Y 产生影响，简单中介效应模型如图 3-3 所示。

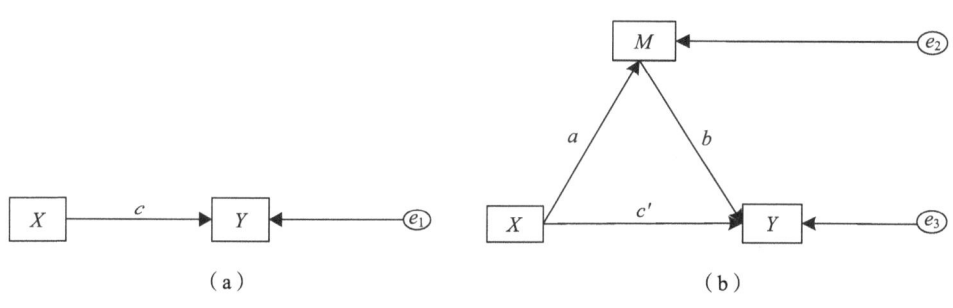

图 3-3 中介效应路径

不同变量间的关系可以用回归方程（3.1）~（3.3）进行描述。

$$Y = cX + e_1 \tag{3.1}$$

$$M = aX + e_2 \tag{3.2}$$

$$Y = c'X + bM + e_3 \tag{3.3}$$

其中总效应指的是自变量 X 对因变量 Y 的影响，用回归方程（3.1）的方程系数 c 表示；直接效应指的是在控制了中介变量 M 的影响后，自变量 X 对因变量 Y 的直接影响，用回归方程（3.3）的方程系数 c' 表示；回归方程（3.2）的方程系数 a 为自变量 X 对中介变量 M 的影响，回归方程（3.3）的方程系数 b 是控制了自变量 X 的影响后，中介变量 M 对因变量 Y 的影响，间接效应指的是 X 通过影响中介变量 M 而对 Y 产生影响，因此可以用 $a \times b$ 表示；回归方程（3.1）~（3.3）中的系数 $e_1 \sim e_3$ 是回归残差。总效应、间接效应和直接效应存在如下关系，见公式（3.4）。

$$c = c' + a \times b \tag{3.4}$$

通过查阅以往文献发现，中介效应检验最经典的方法是巴伦（Baron）和肯尼（Kenny）提出的逐步法[206]。通过逐步法进行中介效应检验，必须进行三次回归分析，如回归方程（3.1）~（3.3）所示。回归方程（3.1）是自变量对因变量进行回归分析；回归方程（3.2）是自变量对中介变量进行回归分析；回归方程（3.3）是自变量和中介变量一起对因变量进行回归分析。同时，如果中介效应存在，回归方程需要满足四个条件：①在回归方程（3.1）中，自变量要显著影响因变量，即 c 显著；②在回归方程（3.2）中，自变量要显著影响中介变量，即 c' 显著；③在回归方程（3.3）中，中介变量必须显著影响因变量，即 b 显著；④在回归方程（3.3）中，如果自变量对因变量的影响变得不再显著，即 c' 不显著，这种情况被称为完全中介；如果自变量对因变量影响显著下降，即 c' 显著性下降，这种情况被称为部分中介。

然而，不断有学者指出逐步法的中介效应检验存在局限性。其一，逐步法不能用于检验主效应不显著但中介效应显著状况下的中介效应。逐步法必须要

求主效应 c 显著，才能进行中介效应判断，但是不少文章指出存在主效应不显著而中介效应显著的情况。其二，逐步法不能检验回归系数 a 或 b 中有一个不显著情况下的中介效应。如果 a 或 b 中存在一个不显著的状况，就无法判断间接效应 $a \times b$ 的显著性，无法进一步进行中介效应判断。因此巴伦和肯尼进一步提出了 Sobel 检验法，Sobel 检验法直接检验间接效应 $a \times b$ 的显著性，如果 $a \times b$ 检验结果显著，则中介效应显著。温忠麟等对巴伦和肯尼提出的中介效应检验流程进行了总结[207]，如图 3-4 所示。

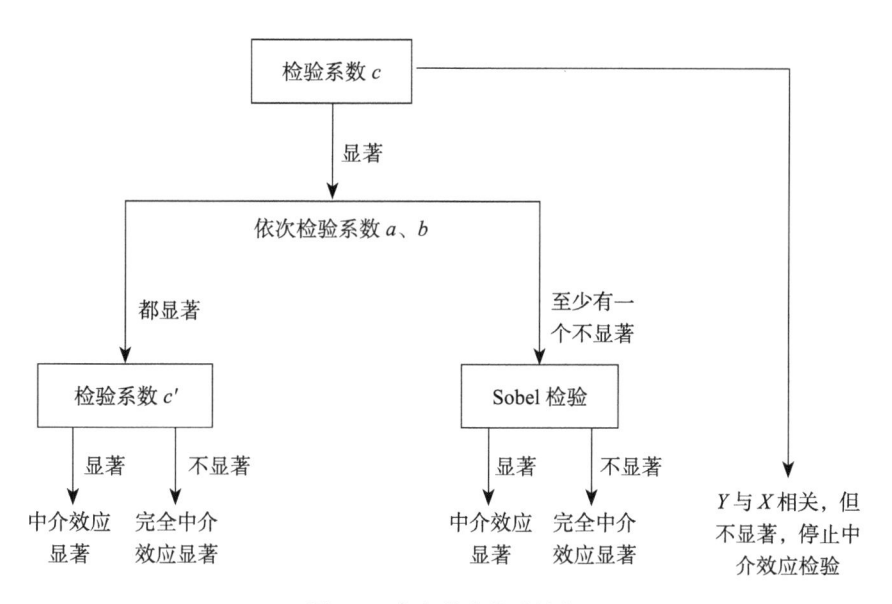

图 3-4 中介效应检验流程

3.3.2.2 顾客信任在信息交流影响共创价值过程中的中介效应检验

为了揭示顾客信任在信息交流影响共创价值过程中的中介作用，本书依据温忠麟等人的研究方法，结合路径分析和 Sobel 检验，运用 Amos 7.0 逐个计算变量之间的路径系数和标准误差，在此基础上计算 Sobel 检验量（Z）[207]，进而对中介效用进行检验，表 3-8 为顾客信任的中介作用检验结果。

表 3-8　顾客信任在信息交流影响共创价值过程中的中介效应检验

假设	中介效应路径	路径系数	标准误差	Sobel 检验量（Z）	中介效应
H6a	信息交流 → 享乐价值（总效应）	0.635***	0.025	14.162 ($p<0.001$)	部分中介
	信息交流 → 顾客信任	0.384*	0.016		
	顾客信任 → 享乐价值	0.421*	0.024		
	控制顾客信任后， 信息交流 → 享乐价值（直接效应）	0.413**	0.019		
H6b	信息交流 → 经济价值（总效应）	0.483*	0.024	18.793 ($p<0.001$)	部分中介
	信息交流 → 顾客信任	0.384*	0.016		
	顾客信任 → 经济价值	0.423**	0.014		
	控制顾客信任后， 信息交流 → 经济价值（直接效应）	0.266*	0.029		
H6c	信息交流 → 关系价值（总效应）	0.416*	0.058	7.935 ($p<0.001$)	部分中介
	信息交流 → 顾客信任	0.384*	0.016		
	顾客信任 → 关系价值	0.227**	0.027		
	控制顾客信任后， 信息交流 → 关系价值（直接效应）	0.276*	0.007		

注：Sobel 统计量 $Z=\dfrac{\hat{a}\hat{b}}{S_{ab}}$，其中 $\hat{a}$ 和 $\hat{b}$ 分别为 a 和 b 的估计，$s_{ab}=\sqrt{\hat{a}^2 s_b^2+\hat{b}^2 s_a^2}$，$s_a$ 和 s_b 分别为 $\hat{a}$ 和 $\hat{b}$ 的标准误差；* $p<0.05$；** $p<0.01$；*** $p<0.001$。

首先，检验顾客信任在信息交流影响享乐价值过程中的中介效应。信息交流显著影响享乐价值（总效应：$\beta=0.635$，$p<0.001$），信息交流显著影响顾客信任（$\beta=0.384$，$p<0.05$），顾客信任显著影响享乐价值（$\beta=0.421$，$p<0.05$），控制顾客信任后，信息交流对享乐价值的影响显著降低（直接效应：$\beta=0.413$，$p<0.01$）。Sobel 检验量 $Z=14.162$，$p<0.001$，因此顾客信任在信息交流影响享乐价值的过程中起到了部分中介效应。

其次，检验顾客信任在信息交流影响经济价值过程中的中介效应。信息交流显著影响经济价值（总效应：$\beta=0.483$，$p<0.05$），信息交流显著影响顾客信任（$\beta=0.384$，$p<0.05$），顾客信任显著影响经济价值（$\beta=0.423$，$p<0.01$），

控制顾客信任后，信息交流对经济价值的影响显著降低（直接效应：$\beta = 0.266$，$p < 0.05$）。Sobel 检验量 $Z = 18.793$，$p < 0.001$，因此顾客信任在信息交流影响经济价值的过程中起到了部分中介效应。

最后，检验顾客信任在信息交流影响关系价值过程中的中介效应。信息交流显著影响关系价值（总效应：$\beta = 0.416$，$p < 0.05$），信息交流显著影响顾客信任（$\beta = 0.384$，$p < 0.05$），顾客信任显著影响关系价值（$\beta = 0.227$，$p < 0.01$），控制顾客信任后，信息交流对关系价值的影响显著降低（直接效应：$\beta = 0.276$，$p < 0.05$）。Sobel 检验量 $Z = 7.935$，$p < 0.001$，因此顾客信任在信息交流影响关系价值的过程中起到了部分中介效应。

3.3.2.3　顾客信任在合作行为影响共创价值过程中的中介效应检验

为了揭示顾客信任在合作行为影响共创价值过程中的中介作用，本书依据温忠麟等人的研究方法，结合路径分析和 Sobel 检验，运用 Amos 7.0 逐个计算变量之间的路径系数和标准误差，在此基础上计算 Sobel 检验量（Z）[207]，进而对中介效用进行检验，表3-9为顾客信任的中介作用检验结果。

首先，检验顾客信任在合作行为影响享乐价值过程中的中介效应。合作行为显著影响享乐价值（总效应：$\beta = 0.396$，$p < 0.001$），合作行为显著影响顾客信任（$\beta = 0.294$，$p < 0.05$），顾客信任显著影响享乐价值（$\beta = 0.421$，$p < 0.05$），控制顾客信任后，合作行为对享乐价值的影响显著降低（直接效应：$\beta = 0.238$，$p < 0.001$）。Sobel 检验量 $Z = 13.071$，$p < 0.001$，因此顾客信任在合作行为影响享乐价值的过程中起到了部分中介效应。

其次，检验顾客信任在合作行为影响经济价值过程中的中介效应。合作行为显著影响经济价值（总效应：$\beta = 0.582$，$p < 0.01$），合作行为显著影响顾客信任（$\beta = 0.294$，$p < 0.05$），顾客信任显著影响经济价值（$\beta = 0.423$，$p < 0.01$），控制顾客信任后，合作行为对经济价值的影响显著降低（直接效应：$\beta = 0.311$，$p < 0.01$）。Sobel 检验量 $Z = 16.443$，$p < 0.001$，因此顾客信任在合作行为影响

经济价值的过程中起到了部分中介效应。

最后,检验顾客信任在合作行为影响关系价值过程中的中介效应。合作行为显著影响关系价值(总效应:$\beta = 0.284$,$p < 0.01$),合作行为显著影响顾客信任($\beta = 0.294$,$p < 0.05$),顾客信任显著影响关系价值($\beta = 0.227$,$p < 0.01$),控制顾客信任后,合作行为对关系价值的影响显著降低(直接效应:$\beta = 0.212$,$p < 0.01$)。Sobel 检验量 $Z = 7.727$,$p < 0.001$,因此顾客信任在合作行为影响关系价值的过程中起到了部分中介效应。

表3-9 顾客信任在合作行为影响共创价值过程中的中介效应检验

假设	中介效应路径	路径系数	标准误差	Sobel 检验量（Z）	中介效应
H6d	合作行为 → 享乐价值（总效应）	0.396***	0.029	13.071 ($p < 0.001$)	部分中介
	合作行为 → 顾客信任	0.294*	0.015		
	顾客信任 → 享乐价值	0.421*	0.024		
	控制顾客信任后, 合作行为 → 享乐价值（直接效应）	0.238***	0.041		
H6e	合作行为 → 经济价值（总效应）	0.582**	0.035	16.443 ($p < 0.001$)	部分中介
	合作行为 → 顾客信任	0.294*	0.015		
	顾客信任 → 经济价值	0.423**	0.014		
	控制顾客信任后, 合作行为 → 经济价值（直接效应）	0.311**	0.072		
H6f	合作行为 → 关系价值（总效应）	0.284**	0.058	7.727 ($p < 0.001$)	部分中介
	合作行为 → 顾客信任	0.294*	0.015		
	顾客信任 → 关系价值	0.227**	0.027		
	控制顾客信任后, 合作行为 → 关系价值（直接效应）	0.212**	0.017		

注:Sobel 统计量 $Z = \dfrac{\hat{a}\hat{b}}{S_{ab}}$,其中 $\hat{a}$ 和 $\hat{b}$ 分别为 a 和 b 的估计,$s_{ab} = \sqrt{\hat{a}^2 s_b^2 + \hat{b}^2 s_a^2}$,$s_a$ 和 s_b 分别为 $\hat{a}$ 和 $\hat{b}$ 的标准误差;* $p < 0.05$;** $p < 0.01$;*** $p < 0.001$。

3.3.2.4 顾客信任在人际交互影响共创价值过程中的中介效应检验

为了揭示顾客信任在人际交互影响共创价值过程中的中介作用，本书依据温忠麟等人的研究方法，结合路径分析和Sobel检验，运用Amos 7.0逐个计算变量之间的路径系数和标准误差，在此基础上计算Sobel检验量（Z）[207]，进而对中介效用进行检验，表3-10为顾客信任的中介作用检验结果。

表3-10 顾客信任在人际交互影响共创价值过程中的中介效应检验

假设	中介效应路径	路径系数	标准误差	Sobel检验量（Z）	中介效应
H6g	人际交互→享乐价值（总效应）	0.326**	0.014	3.259 ($p<0.001$)	部分中介
	人际交互→顾客信任	0.144***	0.042		
	顾客信任→享乐价值	0.421*	0.024		
	控制顾客信任后，				
	人际交互→享乐价值（直接效应）	0.200**	0.025		
H6h	人际交互→经济价值（总效应）	0.364**	0.034	3.407 ($p<0.001$)	部分中介
	人际交互→顾客信任	0.144***	0.042		
	顾客信任→经济价值	0.423**	0.014		
	控制顾客信任后，				
	人际交互→经济价值（直接效应）	0.148**	0.028		
H6i	人际交互→关系价值（总效应）	0.634**	0.014	3.175 ($p<0.001$)	部分中介
	人际交互→顾客信任	0.144***	0.042		
	顾客信任→关系价值	0.227**	0.027		
	控制顾客信任后，				
	人际交互→关系价值（直接效应）	0.395***	0.056		

注：Sobel统计量 $Z=\dfrac{\hat{a}\hat{b}}{S_{ab}}$，其中 $\hat{a}$ 和 $\hat{b}$ 分别为 a 和 b 的估计，$s_{ab}=\sqrt{\hat{a}^2 s_b^2+\hat{b}^2 s_a^2}$，$s_a$ 和 s_b 分别为 $\hat{a}$ 和 $\hat{b}$ 的标准误差；* $p<0.05$；** $p<0.01$；*** $p<0.001$。

首先，检验顾客信任在人际交互影响享乐价值过程中的中介效应。人际交互显著影响享乐价值（总效应：$\beta=0.326$，$p<0.01$），人际交互显著影响顾客信任（$\beta=0.144$，$p<0.001$），顾客信任显著影响享乐价值（$\beta=0.421$，$p<0.05$），

控制顾客信任后，人际交互对享乐价值的影响显著降低（直接效应：$\beta = 0.200$，$p < 0.01$）。Sobel 检验量 $Z = 3.259$，$p < 0.001$，因此顾客信任在人际交互影响享乐价值的过程中起到了部分中介效应。

其次，检验顾客信任在人际交互影响经济价值过程中的中介效应。人际交互显著影响经济价值（总效应：$\beta = 0.364$，$p < 0.01$），人际交互显著影响顾客信任（$\beta = 0.144$，$p < 0.001$），顾客信任显著影响经济价值（$\beta = 0.423$，$p < 0.01$），控制顾客信任后，人际交互对经济价值的影响显著降低（直接效应：$\beta = 0.148$，$p < 0.01$）。Sobel 检验量 $Z = 3.407$，$p < 0.001$，因此顾客信任在人际交互影响经济价值的过程中起到了部分中介效应。

最后，检验顾客信任在人际交互影响关系价值过程中的中介效应。人际交互显著影响关系价值（总效应：$\beta = 0.634$，$p < 0.01$），人际交互显著影响顾客信任（$\beta = 0.144$，$p < 0.001$），顾客信任显著影响关系价值（$\beta = 0.227$，$p < 0.01$），控制顾客信任后，人际交互对关系价值的影响显著降低（直接效应：$\beta = 0.395$，$p < 0.001$）。Sobel 检验量 $Z = 3.175$，$p < 0.001$，因此顾客信任在人际交互影响关系价值的过程中起到了部分中介效应。

3.3.3 顾客偏好调节效应检验

温忠麟指出如果变量 Y 与变量 X 的关系受到第三个变量 M 的影响，则称 M 为调节变量[207]，最简单的调节模型如图 3-5 所示。

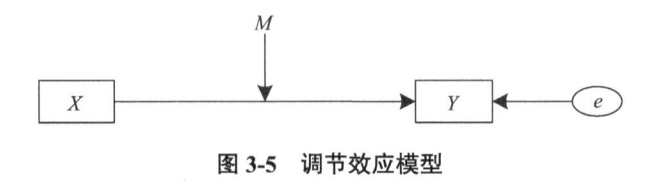

图 3-5 调节效应模型

简单调节效应模型可以用方程式（3.5）进行描述，Y 对 X 的关系是 M 的线性函数，其中 c 代表了 X 和 M 的交互效应，即所谓的调节效应（moderation effect）。

$$Y = aX + bM + cXM + e \quad (3.5)$$

调节变量对自变量和因变量之间的调节作用分为两类：一类是改变自变量对因变量关系的正负方向；另一类是加强或减弱自变量对因变量的关系程度。依据自变量、调节变量和因变量的变量类型不同，检验调节效应的方法不同。

3.3.3.1 顾客偏好在顾客能力对信息交流过程中调节效应检验

本书采用逐层回归的分析方法讨论顾客偏好在顾客能力影响信息交流过程中的调节作用，由表3-11可以看出，在模型1（因变量为信息交流，自变量为知识能力、创新能力、沟通能力和顾客偏好）中，知识能力、创新能力、沟通能力和顾客偏好都对信息交流有影响作用；在模型2（因变量为信息交流，自变量为知识能力、创新能力、沟通能力、顾客偏好、知识能力×顾客偏好、创新能力×顾客偏好和沟通能力×顾客偏好）中加入知识能力、创新能力、沟通能力和顾客偏好的交叉项，知识能力、创新能力、沟通能力和顾客偏好依然对信息交流具有促进作用，同时知识能力、创新能力、沟通能力和顾客偏好交叉项的标准化系数分别为0.297，0.265，0.195，并且在0.05的显著性水平下较为显著，由此可以看出顾客偏好对顾客能力影响信息交流的调节效应显著，从而假设H2a、H2d和H2g得到验证。

为了更加形象地表达顾客偏好对顾客能力和信息交流关系的调节作用的影响模式，本书绘制了顾客偏好的调节效应图，如图3-6~图3-8所示。根据被试顾客偏好取值分组，顾客偏好采用3个题项的李克特7分量表，数据统计结果表明，最高得分为7，最低得分为1，中位数为4。以中位数为标准将样本划分为两组，大于4的样本组成高顾客偏好组，剩余为低顾客偏好组。从图3-6~图3-8可见，知识能力、创新能力和沟通能力对高顾客偏好的信息交流影响比低顾客偏好的顾客更加明显。

表 3-11　顾客偏好在顾客能力对信息交流过程中调节效应检验

模型		标准化系数	β值	T值	Sig.
模型1	常数项	0.452	—	6.589	<0.001
	知识能力	0.122	0.065	4.264	0.003
	创新能力	0.235	0.045	3.568	0.028
	沟通能力	0.354	0.126	1.268	0.067
	顾客偏好	0.382	0.144	7.565	<0.001
模型2	常数项	1.562	—	1.565	0.028
	知识能力	0.185	0.038	0.862	0.053
	创新能力	0.247	0.058	3.265	0.049
	沟通能力	0.369	0.146	2.564	0.051
	顾客偏好	0.365	0.253	1.867	0.055
	知识能力 × 顾客偏好	0.297	0.175	3.836	0.023
	创新能力 × 顾客偏好	0.265	0.157	2.965	0.029
	沟通能力 × 顾客偏好	0.195	0.065	3.265	0.034

注：模型1中因变量为信息交流，自变量为知识能力、创新能力、沟通能力和顾客偏好；模型2中因变量为信息交流，自变量为知识能力、创新能力、沟通能力、顾客偏好、知识能力 × 顾客偏好、创新能力 × 顾客偏好和沟通能力 × 顾客偏好。

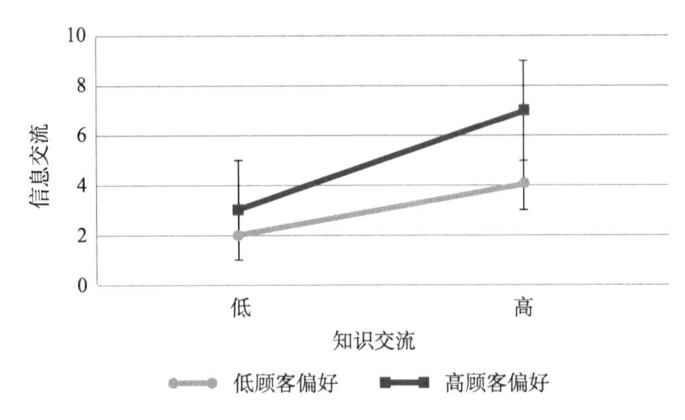

图 3-6　顾客偏好对知识能力与信息交流关系的调节作用

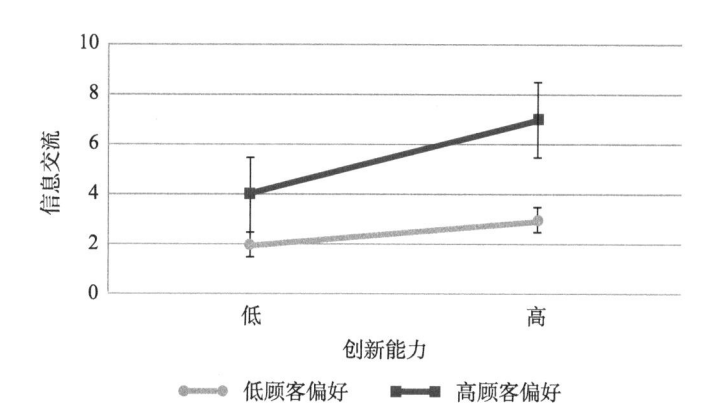

第 3 章　顾客能力对共创价值的作用机制

图 3-7　顾客偏好对创新能力与信息交流关系的调节作用

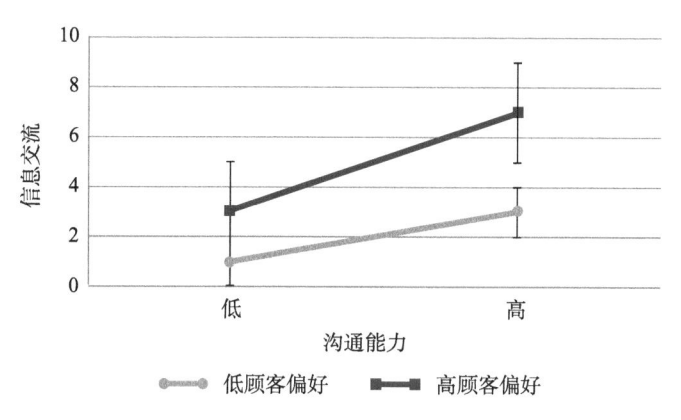

图 3-8　顾客偏好对沟通能力与信息交流关系的调节作用

3.3.3.2　顾客偏好在顾客能力对合作行为过程中调节效应检验

本书采用逐层回归的分析方法讨论顾客偏好在顾客能力影响合作行为过程中的调节作用，由表 3-12 看出，在模型 1（因变量为合作行为，自变量为知识能力、创新能力、沟通能力和顾客偏好）中，知识能力、创新能力、沟通能力和顾客偏好都对合作行为有影响作用；在模型 2（因变量为信息交流，自变量为知识能力、创新能力、沟通能力、顾客偏好、知识能力 × 顾客偏好、创新能力 × 顾客偏好和沟通能力 × 顾客偏好）中加入知识能力、创新能力、沟通能力和顾客偏好的交叉项,知识能力、创新能力、沟通能力和顾客偏好依然对合作行为具有促进作用,同时知识能力、创新能力、沟通能力和顾客偏好交叉项的标准化系数分别为 0.146,0.286,0.254,并且在 0.05 的显著性水平下较为显著,由此可以看出顾客偏好对顾客能力影响合作行为的调节效应显著,从而假设 H2b、H2e 和 H2h 得到验证。

表 3-12 顾客偏好在顾客能力对合作行为过程中调节效应检验

模型		标准化系数	β 值	T 值	Sig.
模型 1	常数项	0.523	—	1.958	0.057
	知识能力	0.224	0.125	3.865	0.038
	创新能力	0.368	0.257	4.012	0.005
	沟通能力	0.278	0.085	2.258	0.047
	顾客偏好	0.272	0.254	1.937	0.061
模型 2	常数项	2.057	—	4.569	0.003
	知识能力	0.236	0.124	2.658	0.048
	创新能力	0.358	0.621	5.685	0.002
	沟通能力	0.229	0.364	1.023	0.069
	顾客偏好	0.356	0.254	3.654	0.036
	知识能力 × 顾客偏好	0.146	0.068	2.598	0.056
	创新能力 × 顾客偏好	0.286	0.362	3.965	0.025
	沟通能力 × 顾客偏好	0.254	0.195	4.093	0.003

注:模型 1 中因变量为合作行为,自变量为知识能力、创新能力、沟通能力和顾客偏好;模型 2 中因变量为合作行为,自变量为知识能力、创新能力、沟通能力、顾客偏好、知识能力 × 顾客偏好、创新能力 × 顾客偏好和沟通能力 × 顾客偏好。

为了更加形象地表达顾客偏好对顾客能力和合作行为关系的调节作用的影响模式,本书绘制了顾客偏好的调节效应图,如图 3-9~图 3-11 所示。根据被试顾客偏好取值分组,顾客偏好采用 3 个题项的李克特 7 分量表,数据统计结

第 3 章 顾客能力对共创价值的作用机制

果表明，最高得分为 7，最低分为 1，中位数为 4。以中位数为标准将样本划分为两组，大于 4 的样本组成高顾客偏好组，剩余为低顾客偏好组。从图 3-9~图 3-11 可见，知识能力、创新能力和沟通能力对高顾客偏好的合作行为影响比低顾客偏好的顾客更加明显。

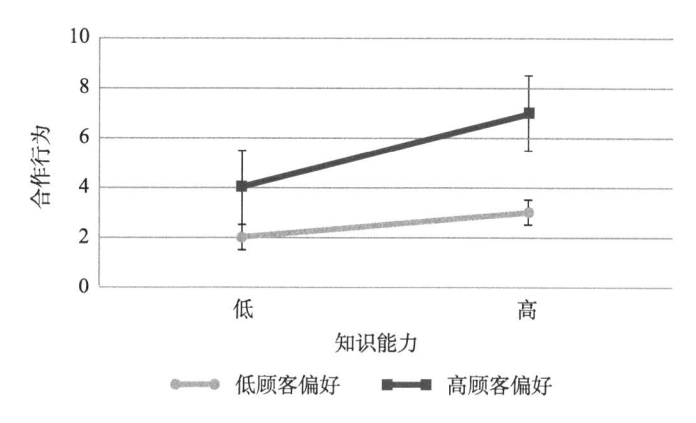

图 3-9　顾客偏好对知识能力与合作行为关系的调节作用

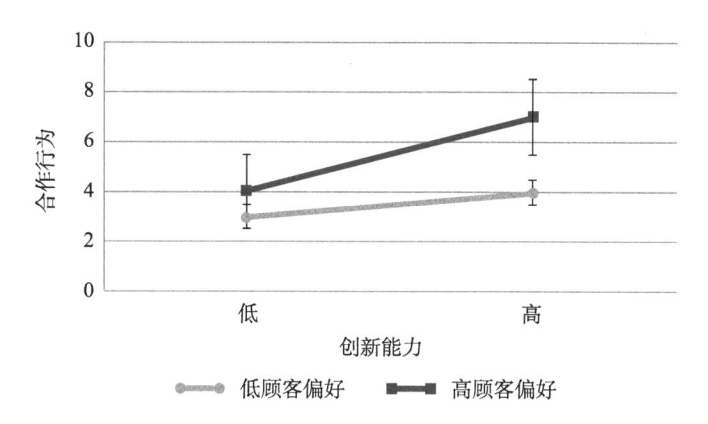

图 3-10　顾客偏好对创新能力与合作行为关系的调节作用

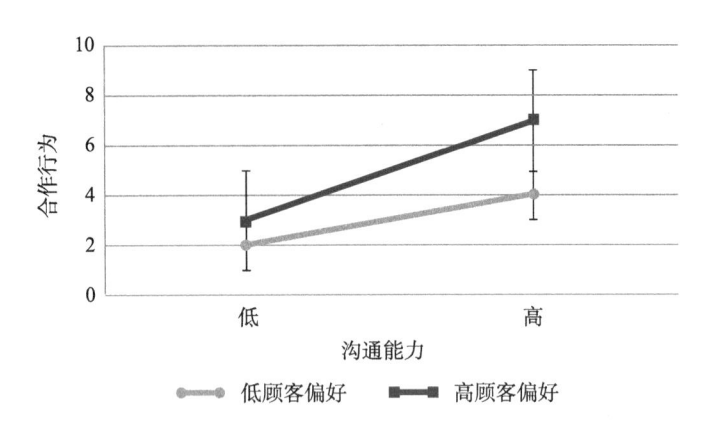

图 3-11 顾客偏好对沟通能力与合作行为关系的调节作用

3.3.3.3 顾客偏好在顾客能力对人际交互过程中调节效应检验

本书采用逐层回归的分析方法讨论顾客偏好在顾客能力影响人际交互过程中的调节作用。

由表 3-13 可以看出，在模型 1（因变量为人际交互，自变量为知识能力、创新能力、沟通能力和顾客偏好）中，知识能力、创新能力、沟通能力和顾客偏好都对人际交互有影响作用；在模型 2（因变量为人际交互，自变量为知识能力、创新能力、沟通能力、顾客偏好、知识能力 × 顾客偏好、创新能力 × 顾客偏好和沟通能力 × 顾客偏好）中加入知识能力、创新能力、沟通能力和顾客偏好的交叉项，知识能力、创新能力、沟通能力和顾客偏好依然对人际交互具有促进作用，同时知识能力、创新能力、沟通能力和顾客偏好交叉项的标准化系数分别为 0.096，0.325，0.274，并且在 0.05 的显著性水平下较为显著，由此可以看出顾客偏好对顾客能力影响人际交互的调节效应显著，从而假设 H2c、H2f 和 H2i 得到验证。

为了更加形象地表达顾客偏好对顾客能力和人际交互关系的调节作用的影响模式，本书绘制了顾客偏好的调节效应图，如图 3-12~图 3-14 所示。

第3章 顾客能力对共创价值的作用机制

表 3-13 顾客偏好在顾客能力对人际交互过程中调节效应检验

模型		标准化系数	β 值	T 值	Sig.
模型 1	常数项	0.382	—	2.635	0.045
	知识能力	0.263	0.396	0.863	0.052
	创新能力	0.156	0.635	0.598	0.065
	沟通能力	0.187	0.187	3.685	0.039
	顾客偏好	0.225	0.432	4.258	0.029
模型 2	常数项	1.025	—	1.985	0.052
	知识能力	0.117	0.185	0.256	0.054
	创新能力	0.028	0.263	0.018	0.059
	沟通能力	0.369	0.174	2.569	0.065
	顾客偏好	0.254	0.096	1.586	0.062
	知识能力 × 顾客偏好	0.096	0.263	0.658	0.043
	创新能力 × 顾客偏好	0.325	0.274	0.028	0.035
	沟通能力 × 顾客偏好	0.274	0.396	1.986	0.042

注：模型 1 中因变量为人际交互，自变量为知识能力、创新能力、沟通能力和顾客偏好；模型 2 中因变量为人际交互，自变量为知识能力、创新能力、沟通能力、顾客偏好、知识能力 × 顾客偏好、创新能力 × 顾客偏好和沟通能力 × 顾客偏好。

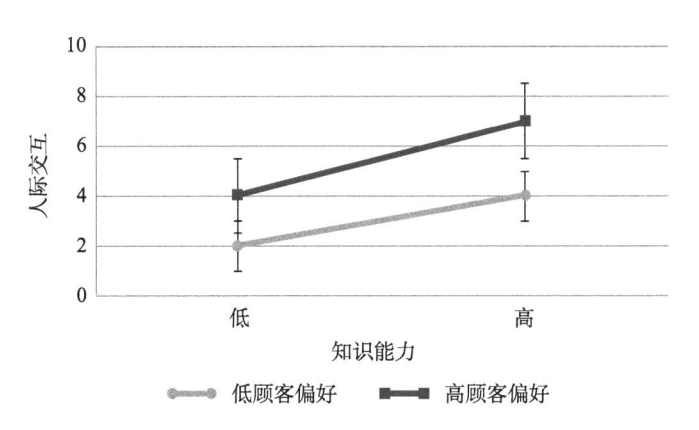

图 3-12 顾客偏好对知识能力与人际交互关系的调节作用

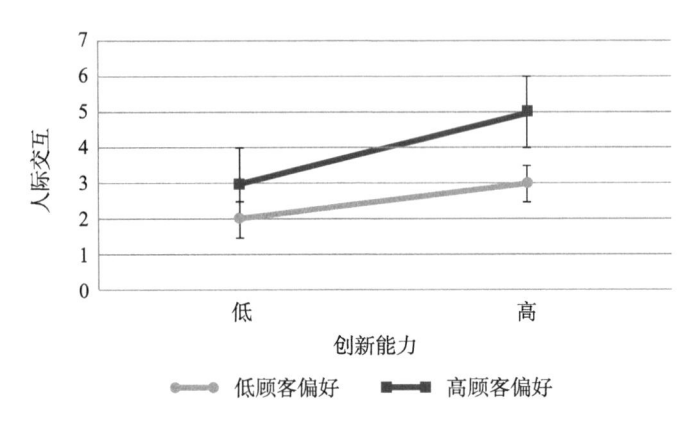

图 3-13 顾客偏好对创新能力与人际交互关系的调节作用

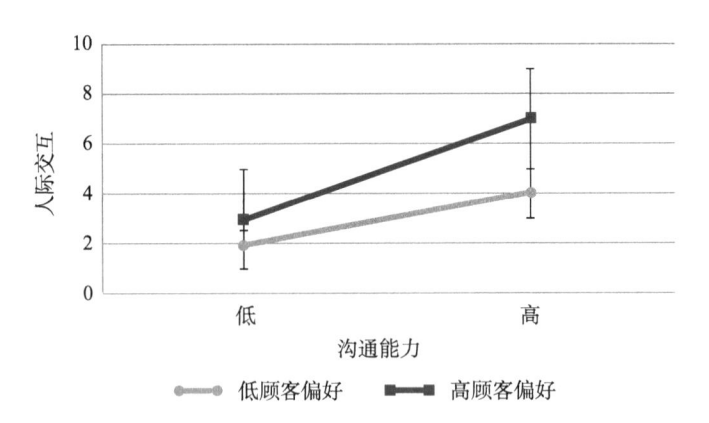

图 3-14 顾客偏好对沟通能力与人际交互关系的调节作用

根据被试顾客偏好取值分组，顾客偏好采用 3 个题项的李克特 7 分量表，数据统计结果表明，最高得分为 7，最低分为 1，中位数为 4。以中位数为标准将样本划分为两组，大于 4 的样本组成高顾客偏好组，剩余为低顾客偏好组。从图 3-12~图 3-14 可见，知识能力、创新能力和沟通能力对高顾客偏好的人际交互影响比低顾客偏好的顾客更加明显。

3.4 本章小结

本章从顾客能力的角度，研究共创价值的形成机理。通过对 380 名中国顾客的问卷调查，运用结构方程模型进行实证分析。结果表明，顾客能力显著影响顾客参与，顾客参与对共创价值具有促进作用，顾客参与对顾客信任具有促进作用，顾客信任对共创价值具有促进作用，顾客偏好在顾客能力影响顾客参与的过程中调节作用显著，顾客信任在顾客参与影响共创价值的过程中起部分中介作用。本书从顾客能力的角度理清了共创价值的形成机理。研究中得到了共创价值形成的作用路径，为后续研究奠定了理论基础，弥补了现有文献中关于共创价值研究的不足。

第4章 企业特质对共创价值的跨层次作用机制

本章研究目的是从顾客能力和企业特质多层次的角度探讨共创价值的形成机理，探讨企业特质对共创价值的跨层次作用机制。在顾客能力对共创价值的作用路径的基础之上，进一步研究企业特质对共创价值的跨层次作用机制。探讨企业特质和顾客能力对顾客参与的影响，并分析顾客偏好和服务氛围在此过程中的调节作用；探讨顾客参与对共创价值的作用，分析顾客信任在此过程中的中介作用。

4.1 企业特质测量

综观国内外有关服务企业中企业特质的研究，目前尚没有成熟的可直接采用的量表。基于此，本书将自行构建服务企业中企业特质测量量表，具体步骤如图4-1所示。

首先，把企业特质的定义呈现给调查者，利用开放式问卷的形式收集与构念有关的行为描述或指标。在完成对这些资料的内容分析后，进行进一步的归类和统计分析。其次，根据收集条目的出现频率和代表性，选择重要的条目组成每个维度的测量题项，编制初始量表。再次，根据初始量表编制预调查问卷，实施预调查，对问卷数据进行分析，检验量表的信效度，并进行修正。最后，编制企业特质测量的正式量表，选择样本进行调查，再检验量表的信效度，并进一步检验构念的结构特征。在统计工具方面，本书使用SPSS 17.0对预测试数据作项目分析、相关分析和探索性因子分析等统计分析；在正式调查中，本书应用 Amos 7.0 对问卷数据进行结构方程模型分析，作验证性因子分析和模型拟合比较。

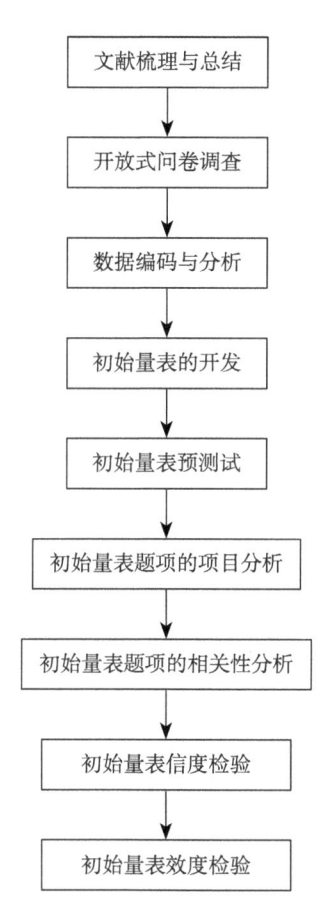

```
┌─────────────────┐
│  文献梳理与总结  │
└────────┬────────┘
         ↓
┌─────────────────┐
│  开放式问卷调查  │
└────────┬────────┘
         ↓
┌─────────────────┐
│  数据编码与分析  │
└────────┬────────┘
         ↓
┌─────────────────┐
│  初始量表的开发  │
└────────┬────────┘
         ↓
┌─────────────────┐
│  初始量表预测试  │
└────────┬────────┘
         ↓
┌──────────────────────┐
│  初始量表题项的项目分析 │
└──────────┬───────────┘
           ↓
┌────────────────────────┐
│  初始量表题项的相关性分析 │
└──────────┬─────────────┘
           ↓
┌─────────────────┐
│  初始量表信度检验 │
└────────┬────────┘
         ↓
┌─────────────────┐
│  初始量表效度检验 │
└─────────────────┘
```

图 4-1　企业特质测量量表的构建步骤

4.1.1　文献梳理与总结

本书首先采用文献梳理与总结对企业特质所包含的要素进行提取。本书选取"企业特质""cooperate characteristic""company characteristic"等作为关键词在中英文数据库中进行搜索。文献检索表明，目前关于服务企业中企业特质的研究比较缺乏，对企业特质进行界定的研究更是少之又少。彭艳君在构建"企业—顾客价值共创过程中顾客参与管理研究的理论框架"时指出，企业特质可以从"沟通特质""创新工具""激励"三方面进行测量[11]。企业特质指的是组织固有的属性，并可以对处于该组织环境下的个体产生影响作用的特质。例如，企业长期经营所具有的声望，会对顾客在享受服务企业提供的服务产品时的行为产生一定的影响。具有高名誉声望的企业，往往会对顾客公民行为产生积极的、正向的引导作用，反之将会反向影响顾客公民行为。在本书中，我们将企业特质定义为企业具有的稳定并将长期影响顾客在享受服务企业产品时行为和情感的属性。

企业特质具有以下两个特点：①稳定性，企业特质在企业长期经营的过程中逐步地产生，并会在顾客享受服务企业提供的服务产品时，对顾客的心理和消费行为产生潜移默化的影响。②交互性，企业可以通过企业特质对处于组织环境中的顾客产生一定的影响。

4.1.2 开放式问卷调查

本次开放式问卷调查的被调查者主要是来自辽宁省沈阳市和平区和浑南区部分餐饮企业的管理者（总经理、中层经理或部门主管），调查者总共调研了48家餐饮服务业的83位管理者。由于被调查者存在问卷信息不完善、没有按照调查者要求完成问卷的情况，有效问卷总共为74份，问卷有效率为89.16%。有效问卷中男性为45人，女性29人；年龄最大者为56岁，最小者为25岁，平均年龄为36.59岁；被调查者中未婚者为29人，已婚无子女者为32人，已婚有子女者为13人；在工作年限方面，最长的为32年，最短的为1年，平均工作年限为9.36年；在被调查者的职位方面，总经理级别为15人，中层经理为38人，部门主管为21人。

数据收集与编码程序。调查者要求被调查者积极配合，并填写一份开放问卷（附录B），被调查者完成问卷之后，会收到调查者相应的礼品作为奖励。被调查者要完成表单上的问题"您认为应该从哪几个方面去评价服务企业中的企业特质？"要求每名被调查者都提供不少于5个题项。该问题在于收集关于企业特质的维度、结构和内容，并为编制企业特质测量表提供测量题项。

4.1.3 数据编码与分析

针对问题"您认为应该从哪几个方面去评价服务企业中的企业特质？"，笔者对被调查者的回答进行了分类与编码，将被调查者回答中相似的陈述进行归纳，形成几个类别。对含义相似的题项和类似的子类别进行合并或者删除，保留下来的主要项目将为编制企业特质测量初始量表做准备，具体如下。

首先，针对问题"您认为应该从哪几个方面去评价服务企业中的企业特质？"，74位被调查者提供368条陈述。删除产生歧义和阐述不清楚的题项39条，共获得有效陈述329条，有效率为89.40%。

其次，作者与另外两位管理学博士研究生各自独立地将上述有效陈述进行合并，将意思相近、表述类似的句子进行合并和删除。第一轮三个人处理之后一致率仅为78.36%，之后三人就存在的分歧进行了讨论，再独自处理题项，第二轮三人一致率为95.27%。最后经过讨论，删除了一些不合理的表述。经过对意思相近和表述类似的句子合并和删除后，剩余有效陈述20条。

最后，作者与另外两位管理学博士研究生各自独立地将上述剩余的20条有效陈述进行分类。第一轮，有两位博士研究生将20条陈述分成3类，剩下的一位博士研究生将其分成了4类。接下来，经过讨论，删除存在歧义的陈述8条，最终将剩余的12条陈述分为3个子类别，分别为"企业名望""激励机制""沟通特质"。"企业名望"包含"本企业具有很高的社会知名度""本企业具有很高的社会信任度""我愿意向我的其他朋友介绍本企业""我为在本企业工作而感到自豪"；"激励机制"包含"本企业拥有明确的员工职业规划""本企业拥有完善的奖惩机制""员工清楚地知道自己的职责并认真负责自己的工作""本企业拥有严格的员工业务培训";"沟通特质"包含"本企业员工能够积极主动与顾客交流""企业员工能够认真对待顾客的反馈意见""企业员工的沟通能力比较强""本企业中员工相处比较融洽",陈述的条目在各个维度的频数分布如图4-2所示。

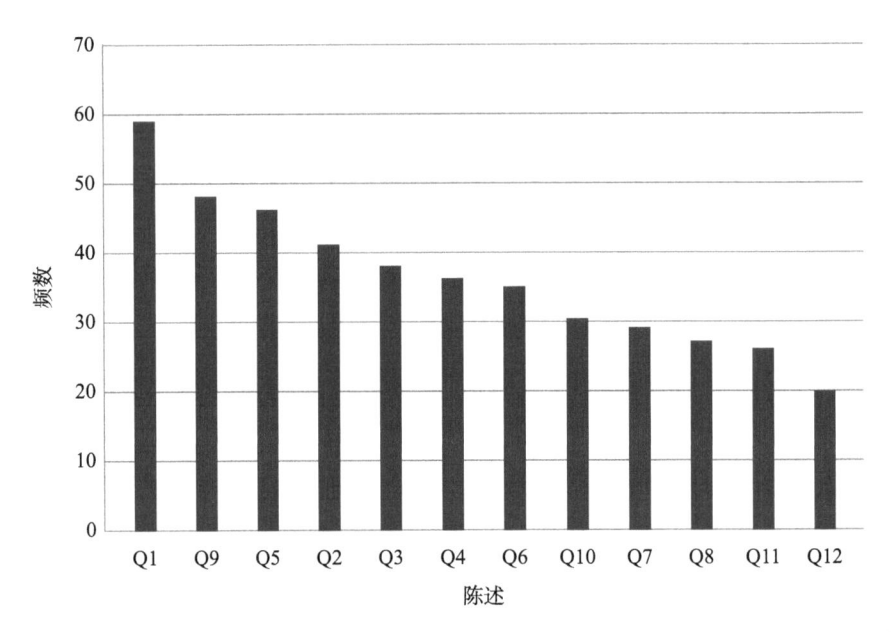

注:图中字母Q1代表"本企业具有很高的社会知名度",Q9代表"本企业员工能够积极主动与顾客交流",Q5代表"本企业拥有明确的员工职业规划",Q2代表"本企业具有很高的社会信任度",Q3代表"我愿意向我的其他朋友介绍本企业",Q4代表"我为在本企业工作而感到自豪",Q6代表"本企业拥有完善的奖惩机制",Q10代表"企业员工能够认真对待顾客的反馈意见",Q7代表"员工清楚地知道自己的职责并认真负责自己的工作",Q8代表"本企业拥有严格的员工业务培训",Q11代表"企业员工的沟通能力比较强",Q12代表"本企业中员工相处比较融洽"。

图 4-2 陈述频数分布

4.1.4 初始量表的开发

开发量表的第一个关键步骤就是得到用来测量构念的项目指标。而收集项目指标的关键是,在一个清楚的理论基础上,能表达出所要测量构念所涵盖的内容。基于前期的访谈研究和开放式问卷的调查数据，制作企业特质测量的初始量表，如表 4-1 所示，包含 3 个维度 12 个测量题项。问卷的测量均采用 7 级李克特量表，7 级李克特量表的评分标准如下：①非常不同意；②不同意；③有点不同意；④不能确定；⑤有点同意；⑥同意；⑦非常同意。

表 4-1 企业特质测量初始量表题项

维度	编号	测量问题	题项数量
企业名望 CR	Q1	本企业具有很高的社会知名度	4
	Q2	本企业具有很高的社会信任度	
	Q3	我愿意向我的其他朋友介绍本企业	
	Q4	我为在本企业工作而感到自豪	
激励机制 MM	Q5	本企业拥有明确的员工职业规划	4
	Q6	本企业拥有完善的奖惩机制	
	Q7	员工清楚地知道自己的职责并认真负责自己的工作	
	Q8	本企业拥有严格的员工业务培训	
沟通特质 CC	Q9	本企业员工能够积极主动与顾客交流	4
	Q10	企业员工能够认真对待顾客的反馈意见	
	Q11	企业员工的沟通能力比较强	
	Q12	本企业中员工相处比较融洽	

4.1.5 初始量表预测试

将企业特质测量的初始量表，题项编制成问卷（附录 C），通过现场发放（随机选取沈阳市和平区和浑南区餐饮企业）的形式收集问卷。在 57 家服务企业总共发放 253 份问卷，由服务企业管理者（总经理、中层经理或部门主管）填写问卷。本调查于 2016 年 6 月至 9 月进行，在删除有明显填答规律的问卷、漏填的问卷之后，共获得有效问卷 237 份，整体的问卷回收有效率为 93.68%，预测试样本统计特征如表 4-2 所示。

表 4-2 预测试样本统计特征

人口概况	人口统计学变量	频数	频率 /%
性别	男	185	78.06
	女	52	21.94
年龄	25 岁及以下	15	6.33
	26~35 岁	32	13.50
	36~50 岁	165	69.62
	51~60 岁	19	8.02
	60 岁以上	6	2.53
学历	专科及以下	58	24.47
	本科	146	61.60
	硕士研究生	31	13.08
	博士研究生及以上	2	0.85
婚姻状况	已婚	158	66.67
	未婚	79	33.33
工作时间	5 年及以下	98	41.35
	6~10 年	104	43.88
	10 年以上	35	14.77
职位	总经理	32	13.50
	中层经理	129	54.43
	部门主管	76	32.07

4.1.6 初始量表题项的项目分析

为了保证企业特质测量初始量表题项的合理性和准确性，需要对其进行项目分析，以测验题项对于企业特质测量的区分程度或鉴别能力，包含以下 7 个主要步骤。

（1）题项的反向计分：有些量表的题项中常会包含一些反向题，反向题计分刚好与正向题相反，如果未将反向题重新编码，则题项累加的总分会出现错误。

（2）求出量表的总分：就是将各企业管理者对量表中所有填答的题项的得分累加，以求出各受试者在量表上的总分多少。

（3）量表总分高低排列：对企业管理者在量表的总得分加以排序，递增或递减均可，以求出高低分组的临界点。

（4）找出高低分组上下27%处的分数：依上述量表累加后各企业管理者的总得分排序结果，找出前（高分组）27%的企业管理者的得分，及后（低分组）27%的企业管理者的得分。

（5）依临界分数将量表分数分成两组：依高低分组企业管理者的临界点分数，将属于高分组的企业管理者新增一个变量，将其赋值为1，低分组新增一个变量，将其赋值为2。

（6）用独立样本 t 检验法检验高低分组在每个题项上的差异：求出高低分两组企业管理者在各试题平均分数上的差异显著性。

（7）将独立样本 t 检验结果未达显著性的题项删除。具体结果如表4-3所示。

由独立样本 t 检验的结果分析可以得出，企业特质测量的题项Q4"我为在本企业工作而感到自豪"和Q5"本企业拥有明确的员工职业规划"具有较低的区分度，不能够有效测量企业特质，因此本书将这两个题项在企业特质的测量初始量表中删除。

表4-3 企业特质测量题项独立样本分析结果

假设		方差方程的 Levene 检验		均值方程的 t 检验		
		F	Sig.	t	df	Sig.（双侧）
Q1	假设方差相等	0.483	0.488	5.869	142.000	0.000
	假设方差不相等			5.869	139.926	0.000
Q2	假设方差相等	5.327	0.022	9.569	142.000	0.000
	假设方差不相等			9.569	138.640	0.000
Q3	假设方差相等	1.572	0.212	7.953	142.000	0.000
	假设方差不相等			7.953	138.803	0.000

续表

假设		方差方程的 Levene 检验		均值方程的 t 检验		
		F	Sig.	t	df	Sig.（双侧）
Q4	假设方差相等	4.063	0.046	−3.706	142.000	0.652
	假设方差不相等			−3.706	138.002	0.598
Q5	假设方差相等	7.970	0.005	−5.227	142.000	0.396
	假设方差不相等			−5.227	135.106	0.284
Q6	假设方差相等	4.406	0.038	−0.307	142.000	0.000
	假设方差不相等			−0.307	136.556	0.000
Q7	假设方差相等	7.234	0.008	−0.632	142.000	0.000
	假设方差不相等			−0.632	137.928	0.000
Q8	假设方差相等	0.047	0.829	6.078	142.000	0.000
	假设方差不相等			6.078	141.824	0.000
Q9	假设方差相等	15.265	0.000	−2.663	142.000	0.000
	假设方差不相等			−2.663	132.824	0.000
Q10	假设方差相等	4.958	0.028	0.402	142.000	0.000
	假设方差不相等			0.402	137.011	0.000
Q11	假设方差相等	5.027	0.026	7.354	142.000	0.000
	假设方差不相等			7.354	135.281	0.000
Q12	假设方差相等	4.949	0.028	1.202	142.000	0.000
	假设方差不相等			1.202	133.314	0.000

4.1.7　初始量表题项的相关性分析

在接下来的探索性因子分析之前，先对各个题项的相关关系进行检验，如果其中一个题项与其他题项的相关系数绝对值小于0.3，那么这个题项就可以被删除[205]。低相关系数表明该题项不是来自所在测量构念的内容域，会给测量带来误差，并因此降低信度，各个题项之间的相关系数如表4-4所示。

表 4-4 测量题项的相关系数矩阵

指标	Q1	Q2	Q3	Q6	Q7	Q8	Q9	Q10	Q11	Q12
Q1	1									
Q2	0.325	1								
Q3	0.301	0.293	1							
Q6	0.358	0.248	0.369	1						
Q7	0.253	0.351	0.219	0.256	1					
Q8	0.248	0.234	0.219	0.396	0.215	1				
Q9	0.523	0.156	0.302	0.107	0.216	0.263	1			
Q10	0.335	0.294	0.217	0.305	0.415	0.314	0.304	1		
Q11	0.415	0.314	0.361	0.258	0.167	0.109	0.218	0.357	1	
Q12	0.293	0.127	0.173	0.137	0.254	0.201	0.306	0.233	0.162	1

4.1.8 初始量表信度检验

4.1.8.1 内在一致性信度分析

本书应用最常用的信度指标Cronbach's α来评价量表的内在一致性。Cronbach's α值越大，说明题项之间的相关程度越强，也说明这些题项确实反映了所要测量的内容域。根据努纳利（Nunnally）和伯恩斯坦（Bernstein）的要求[208]，Cronbach's α值应至少达到0.7。本书即采用该标准对量表中的题项进行评价。"企业名望"的Cronbach's α值为0.812，"激励机制"的Cronbach's α值为0.839，"沟通特质"的Cronbach's α值为0.806，整个量表的Cronbach's α值为0.829，均满足大于0.7的要求。此外，本书还计算了各个潜变量的组合信度（Composite Reliability，CR），组合信度主要评价一组潜在维度指标的一致性程度，亦即所有测量题项分享该因子维度的程度，计算得到"企业名望"的CR值为0.828，"激励机制"的CR值为0.843，"沟通特质"的CR值为0.815，均达到了非常好的水平，如表4-5所示。由此，可以说明企业特质测量初始量表具有较好的内部一致性信度。

表 4-5　内在一致性信度分析

变量	题项	因子载荷	T 值	Cronbach's α 值	CR 值
企业名望 CR	Q1	0.859	9.263	0.812	0.828
	Q2	0.765	10.285		
	Q3	0.815	7.269		
激励机制 MM	Q6	0.809	8.956	0.839	0.843
	Q7	0.869	13.254		
	Q8	0.834	11.547		
沟通特质 CC	Q9	0.776	10.246	0.806	0.815
	Q10	0.873	8.964		
	Q11	0.814	9.768		
	Q12	0.793	10.573		

4.1.8.2　探索性因子分析

探索性因子分析作为多元统计分析技术的一种，是用少数几个因子来描述许多指标或因素之间的联系，以较少几个因子反映原来大部分信息的统计方法。主要用途是对数据进行压缩处理，通过研究变量间的关系挖掘数据内部存在的基本结构，并将数据结构用相对较少的几个假定的变量进行替换。其应用主要有两个方面：寻求基本结构和数据化简。为了验证问卷的结构是否科学，在因子分析的过程中也可以根据因子负载对一些测量题项进行剔除，进一步完善量表的内部结构。本书运用探索性因子分析对剩余的企业特质测量题项进行分析。

本书运用的检验方法是巴特利特球形检验（Bartlett Test of Sphericity）和 KMO（Kaiser-Meyer-Olkin）检验。巴特利特球形检验以变量的相关系数矩阵为出发点。它的零假设相关系数矩阵是一个单位阵，即相关系数矩阵对角线上的所有元素都为 1，所有非对角线上的元素都为 0。巴特利特球形检验的统计量是根据相关系数矩阵的行列式得到的。如果该值较大，且其对应的相伴概率值小于用户心中的显著性水平,那么应该拒绝零假设,认为相关系数不可能是单位阵,也即原始变量之间存在相关性,适合作因子分析;相反,如果该统计量比较小,且其对应的相伴概率大于显著性水平,则不能拒绝零假设,认为相关系数矩阵可能是单位阵,不宜作因子分析。

KMO 统计量用于比较变量间简单相关和偏相关系数。KMO 的取值范围为 0~1。KMO 的值越接近 1,即所有变量之间的简单相关系数平方和远大于偏相关系数平方和,就越适合作因子分析。KMO 的值越小,则越不适合作因子分析。统计学家凯瑟(Kaiser)给出了一个 KMO 检验标准,如表 4-6 所示。

表 4-6　KMO 检验标准

KMO	>0.9	0.8~0.9	0.7~0.8	0.6~0.7	0.5~0.6	<0.5
是否适合作因子分析	非常适合	很适合	适合	不太适合	勉强适合	不适合

本书运用探索性因子分析对剩余的 10 个企业特质测量题项进行分析。KMO 检验和巴特利特球形检验结果如表 4-7 所示。其中,KMO 的值为 0.912,根据统计学家凯瑟给出的标准,说明数据是适合作因子分析的。巴特利特球形检验给出的相伴概率为 0.000,小于显著性水平 0.05,因此拒绝巴特利特球形检验的零假设,认为适合作因子分析。

表 4-7　KMO 与巴特利特球形检验

KMO 抽样适度检验		0.912
巴特利特球形检验	近似卡方	956.167
	Sig.	0.000

本书采用基于主成分模型的主成分分析法来确定因子变量。根据 SPSS 的分析结果,因子分析的碎石图如图 4-3 所示,各因子解释总变异量数据如表 4-8 所示。

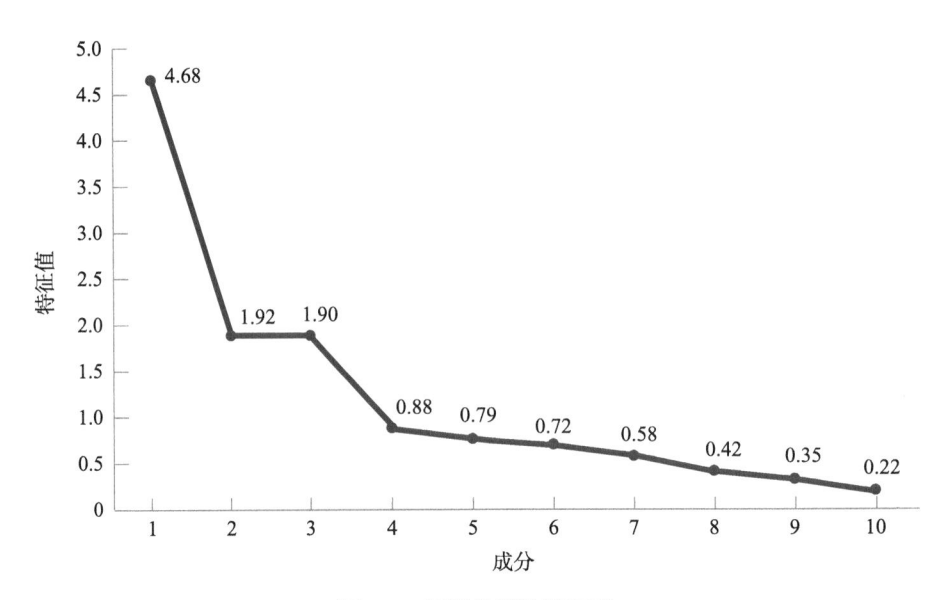

图 4-3　因子分析的碎石图

表 4-8　各因子解释总变异量数据

成分	初始特征值			提取平方和载入			旋转平方和载入		
	特征值	方差贡献率	累积方差贡献率	特征值	方差贡献率	累积方差贡献率	特征值	方差贡献率	累积方差贡献率
1	4.68	80.03	80.03	4.68	80.03	80.03	4.25	78.96	78.96
2	1.92	4.35	84.38	1.92	4.35	84.38	0.90	5.85	84.81
3	1.90	4.25	88.63	1.90	4.25	88.63	0.86	4.25	89.06
4	0.88	3.25	91.88	0.88	3.25	91.88	0.87	3.25	92.31
5	0.79	2.25	94.13	0.79	2.25	94.13	0.78	2.24	94.55
6	0.72	1.90	96.03	0.72	1.90	96.03	0.70	1.89	96.44
7	0.58	1.25	97.28	0.58	1.25	97.28	0.56	1.62	98.06
8	0.42	0.95	98.23	0.42	0.95	98.23	0.42	0.85	98.91
9	0.35	0.92	99.15	0.35	0.92	99.15	0.33	0.90	99.81
10	0.22	0.85	100.00	0.22	0.85	100.00	0.15	0.19	100.00

提取方法：主成分分析。

第4章 企业特质对共创价值的跨层次作用机制

通过碎石图及各因子解释总变异量数据分析表可以看出，特征值大于1的因素有3个，累积方差贡献率达到了88.63%，因此提取3个因子。

在没有旋转过的同一因子（成分）内，会有几个题项都有较高的载荷，因子的含义就表现得模糊化。因此，需要对因子进行旋转，通常采用最大方差法，来凸显数据值在坐标上的位置，使得原来"不大不小"的值变得"比较大"或"比较小"，在保持因子独立的情况下，使因子含义更加清晰。因子抽取时考虑的是旋转后因子载荷绝对值较大的变量，一般因子载荷的绝对值至少应大于0.50。并且根据海尔（Hair）提出的标准，应删除在多个因子上载荷同时超过0.5的题项和在因子上载荷小于0.5的题项[205]。题项Q9"本企业员工能够积极主动与顾客交流"在三个因子上的载荷均大于0.5，应当删除该题项，分析结果如表4-9所示。

表4-9 企业特质测量题项的成分矩阵

题项	因子1	因子2	因子3
Q1：本企业具有很高的社会知名度	0.759	0.328	0.257
Q2：本企业具有很高的社会信任度	0.743	0.246	0.315
Q3：我愿意向我的其他朋友介绍本企业	0.695	0.447	0.230
Q6：本企业拥有完善的奖惩机制	0.352	0.685	0.214
Q7：员工清楚地知道自己的职责并认真负责自己的工作	0.276	0.704	0.293
Q8：本企业拥有严格的员工业务培训	0.415	0.663	0.246
Q9：本企业员工能够积极主动与顾客交流	0.526	0.634	0.572
Q10：企业员工能够认真对待顾客的反馈意见	0.214	0.335	0.746
Q11：企业员工的沟通能力比较强	0.260	0.351	0.694
Q12：本企业中员工相处比较融洽	0.396	0.254	0.702

对余下的9个企业特质测量题项再进行探索性因子分析，得到9个题项的KMO值为0.833，巴特利特球形检验的显著性水平为0.000，表示调查数据适合

作因子分析。运用 SPSS 17.0 对数据进行主成分分析和正交旋转,根据特征值大于 1 的标准,共提取 3 个成分的公因子,累计方差贡献率为 83.62%,因子载荷均大于 0.5,并未出现多重负荷的现象,分析结果如表 4-10 所示。

表 4-10 企业特质测量题项旋转后的成分矩阵

题项	因子 1	因子 2	因子 3
Q1:本企业具有很高的社会知名度	0.897		
Q2:本企业具有很高的社会信任度	0.858		
Q3:我愿意向我的其他朋友介绍本企业	0.855		
Q6:本企业拥有完善的奖惩机制		0.839	
Q7:员工清楚地知道自己的职责并认真负责自己的工作		0.824	
Q8:本企业拥有严格的员工业务培训		0.712	
Q10:企业员工能够认真对待顾客的反馈意见			0.839
Q11:企业员工的沟通能力比较强			0.801
Q12:本企业中员工相处比较融洽			0.661

由表 4-10 可以看出,因子 1 主要包含"本企业具有很高的社会知名度""本企业具有很高的社会信任度""我愿意向我的其他朋友介绍本企业",本书将该因子命名为"企业名望";因子 2 主要包含"本企业拥有完善的奖惩机制""员工清楚地知道自己的职责并认真负责自己的工作""本企业拥有严格的员工业务培训",本书将该因子命名为"激励机制";因子 3 主要包含"企业员工能够认真对待顾客的反馈意见""企业员工的沟通能力比较强""本企业中员工相处比较融洽",本书将因子 3 命名为"沟通特质"。因子分析结果与之前设想的 3 个因子完全相符。

4.1.9 初始量表效度检验

4.1.9.1 内容效度

企业特质测量题项的选择经过笔者的仔细推敲，对题项进行了修改，随后经过3名管理学博士研究生的筛选和修缮，并经过多轮讨论与分析，多次进行语句修正，保证企业特质测量题项具有较好的内容效度。

4.1.9.2 区别效度

区别效度是指概念体系中某一维度与其他维度在测量方面的差别程度。本书中区别效度检验的方法为看每个测量维度的平均方差提取量（Average Variable Extracted，AVE）值是否大于该测量维度与其他测量维度之间的方差，如果AVE的平方根大于两个测量维度间的相关系数，则表示这两个测量维度之间具有较好的区别效度。潜变量的平均方差提取量表示相较于测量误差变异量的大小，潜变量构念所能解释指标变量变异量的程度，如果该值小于0.5，表示测量误差解释变量的变异程度要高于潜变量所能解释的程度，这种情况下则表示潜变量的平均方差提取量效果不佳；如果该值大于0.5，表示指标变量可以有效地反映其潜变量，该潜变量则具有良好的信度和效度。

在表4-11中，对角线上的数字为企业特质测量量表中每一个测量维度的AVE值，其他数字则表示各个维度之间的相关系数。由此可以看出，各潜变量中最小的AVE值为0.593（AVE值的算术平方根为0.770），大于判断标准0.5。此外，AVE值的算术平方根为0.770~0.854，而相关系数为0.118~0.426，企业特

表4-11 企业特质区别效度的分析结果

变量	企业名望CR	激励机制MM	沟通特质CC
企业名望CR	0.811		
激励机制MM	0.237	0.770	
沟通特质CC	0.426	0.118	0.854

注：对角线数值表示AVE值的算术平方根，其他数值表示每个潜变量之间的相关系数值。

质的每一个测量维度的 AVE 值算术平方根都明显大于任何两个维度之间的相关系数，表明企业特质的各个测量维度均有较好的区别效度。

4.1.9.3 验证性因子分析

将剩下的 9 个企业特质测量题项编制成问卷，通过现场发放（随机选取沈阳市和平区和浑南区餐饮企业）的形式收集问卷。在 76 家服务企业总共发放 369 份问卷，由服务企业管理者（总经理、中层经理或部门主管）填写问卷。该调查于 2016 年 9 月至 12 月进行，在删除了有明显填答规律的问卷、漏填的问卷之后，共获得有效问卷 342 份，整体的问卷回收有效率为 92.68%。利用 Amos 7.0 进行验证性因子分析。

验证性因子分析主要有以下 6 个步骤：①定义因子模型，包括选择因子个数和定义因子载荷，因子载荷可以事先定为 0 或者其他自由变化的常数，或者在一定约束条件下变化的数（如与另一载荷相等）；②收集观测值，根据研究目的收集观测值；③获得相关系数矩阵，根据原始资料数据获得变量协方差阵；④拟合模型，这里需要选择一种方法（如极大似然估计、渐进分布自由估计等）来估计自由变化的因子载荷；⑤评价模型，当因子模型能够拟合数据时，因子载荷的选择要使模型暗含的相关矩阵与实际观测矩阵之间的差异最小；⑥修正模型，如果模型拟合效果不佳，应根据理论分析修正或重新限定约束关系，对模型进行修正，以得到最优模型。

验证性因子分析结果如图 4-4、表 4-12 和表 4-13 所示。结果显示，企业特质的标准化因子载荷均大于 0.5，虽然 NFI 和 IFI 未达到 0.9，但是也非常接近，可认为基本达到标准值。因此，企业特质测量量表具有良好的结构。

表 4-12 企业特质模型的拟合参数统计

检验指标	χ^2/df	GFI	NFI	IFI	CFI	RMSEA
标准值	< 5	> 0.9	> 0.9	> 0.9	> 0.9	< 0.1
本模型	3.657	0.954	0.882	0.893	0.901	0.019

第 4 章 企业特质对共创价值的跨层次作用机制

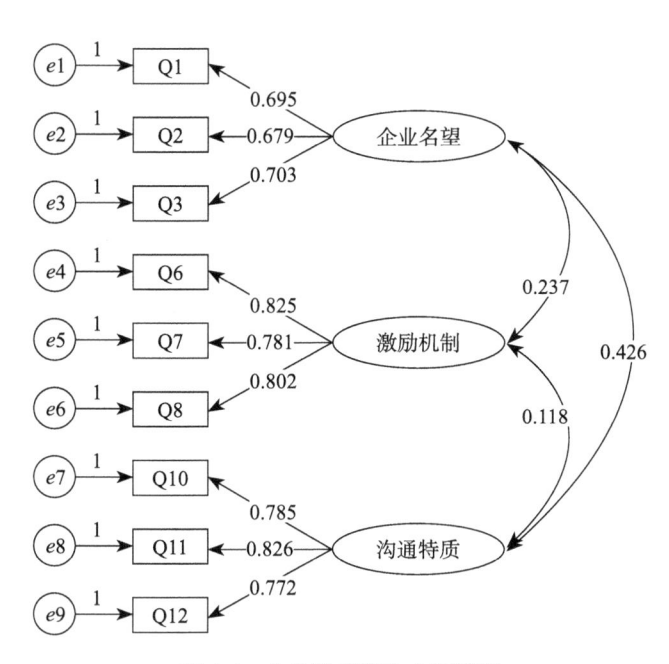

图 4-4 企业特质结构方程模型

表 4-13 企业特质测量题项标准化因子载荷

题项	企业名望	激励机制	沟通特质
Q1：本企业具有很高的社会知名度	0.695		
Q2：本企业具有很高的社会信任度	0.679		
Q3：我愿意向我的其他朋友介绍本企业	0.703		
Q6：本企业拥有完善的奖惩机制		0.825	
Q7：员工清楚地知道自己的职责并认真负责自己的工作		0.781	
Q8：本企业拥有严格的员工业务培训		0.802	
Q10：企业员工能够认真对待顾客的反馈意见			0.785
Q11：企业员工的沟通能力比较强			0.826
Q12：本企业中员工相处比较融洽			0.792

4.2 理论模型与假设提出

4.2.1 理论模型

本章将在第 3 章的研究基础之上，加入组织层次的企业特质和服务氛围，进一步验证在跨层次的背景之下，顾客能力对共创价值的作用路径；随后探讨组织层次的企业特质对顾客参与的影响，以及服务氛围和顾客偏好在企业特质影响顾客参与过程中的调节作用和顾客信任对顾客参与影响共创价值的中介效应。本章提出的理论模型如图 4-5 所示。

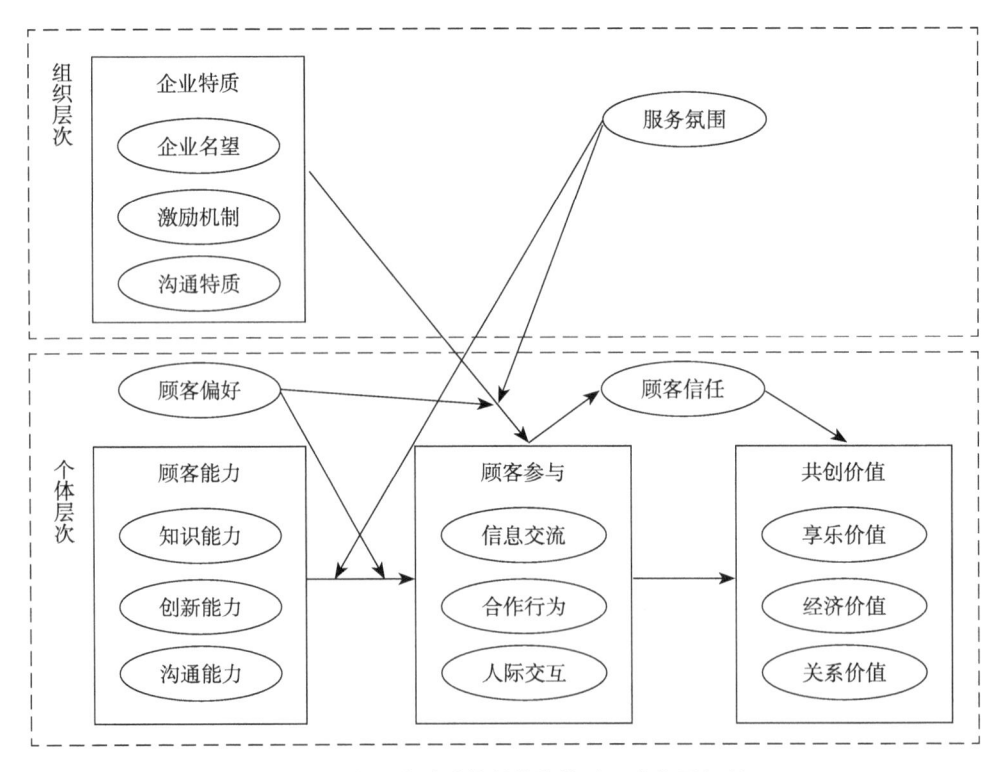

图 4-5　企业特质对共创价值的跨层次作用机制

4.2.2 假设提出

4.2.2.1 顾客能力、顾客参与与共创价值

在跨层次的背景之下，本部分研究内容将继续探讨顾客能力对顾客参与的影响及顾客参与对共创价值的影响。其假设同第 3 章。

H1a：知识能力对信息交流具有正向影响。

H1b：知识能力对合作行为具有正向影响。

H1c：知识能力对人际交互具有正向影响。

H1d：创新能力对信息交流具有正向影响。

H1e：创新能力对合作行为具有正向影响。

H1f：创新能力对人际交互具有正向影响。

H1g：沟通能力对信息交流具有正向影响。

H1h：沟通能力对合作行为具有正向影响。

H1i：沟通能力对人际交互具有正向影响。

H2a：信息交流对享乐价值具有正向影响。

H2b：信息交流对经济价值具有正向影响。

H2c：信息交流对关系价值具有正向影响。

H2d：合作行为对享乐价值具有正向影响。

H2e：合作行为对经济价值具有正向影响。

H2f：合作行为对关系价值具有正向影响。

H2g：人际交互对享乐价值具有正向影响。

H2h：人际交互对经济价值具有正向影响。

H2i：人际交互对关系价值具有正向影响。

4.2.2.2 企业特质与顾客参与

企业特质是指企业具有的稳定并将长期影响顾客在享受服务企业服务或产

品时的企业属性。企业特质是组织固有的属性，并可以对处于该组织环境下的个体产生影响。已有研究指出共创价值的形成不仅仅是顾客单一层次的付出行为，更与企业的文化价值观念等组织层次的相关因素有关，共创价值是在顾客和服务企业员工之间的交流与合作过程中产生的[83-85]。雅科拉（Jaakkola）和哈卡宁（Hakanen）研究指出在服务行业中，企业文化对顾客参与具有显著的影响作用，并对顾客满意产生影响[209]。在兰詹（Ranjan）和里德（Read）的研究中发现，服务企业的口碑和声誉会对顾客的决策行为产生影响，企业拥有较好的名望会促使顾客产生积极的消费行为，并将该服务企业推荐给周围的人群[84]。佩恩等人以服务企业为研究对象，探讨企业奖惩机制和沟通方式对顾客行为的影响，研究表明拥有完善奖励机制和高效沟通方式的服务企业有利于提高顾客参与的积极性，并带来更高的顾客满意[86]。在基于4.1节关于企业特质的测量研究中，本书将企业特质分为企业名望、激励机制和沟通特质三个维度。在本书中，将顾客参与分为信息交流、合作行为和人际交互三个维度。

企业名望主要体现在企业的社会知名度和社会信任度。高企业名望的服务企业具有较好的口碑和品牌效应，使顾客具有较强的情感依赖性，这种情感倾向会使顾客更加愿意去接触和了解高企业名望的服务企业。顾客在接受服务时更加愿意向高企业名望的服务企业员工表达自己的需求，并可以更加准确地向服务员工传递自己在接受服务时的消费感受，从而有利于顾客与服务企业之间的信息交流。顾客对高企业名望服务企业的情感偏好，会促使顾客在消费时产生情感上的归属感和组织认同感，使顾客在消费时更加积极主动地配合服务员工的安排，能够自觉遵守服务企业的相关规定，避免自己的行为对其他顾客产生不良的影响，从而有利于顾客与服务企业之间的合作行为。顾客与高企业名望服务企业之间的积极合作行为，会使顾客对服务企业中员工产生好感并能相处融洽，顾客也更加愿意将该服务企业介绍给自己周围的朋友，从而有利于顾客与服务企业之间的人际交互。本书提出如下假设：

H3a：企业名望对信息交流具有正向影响。

第4章 企业特质对共创价值的跨层次作用机制

H3b：企业名望对合作行为具有正向影响。

H3c：企业名望对人际交互具有正向影响。

激励机制主要体现在服务企业是否具有完善的奖惩机制及员工业务培训。高激励机制的服务企业拥有完善的奖惩机制和严格的员工业务培训，员工也会清楚地知道自己的职责并认真负责自己的工作，高激励机制的服务企业会为顾客带来更加完善的服务，会使顾客对该服务企业产生更加深刻的印象。这种较好的企业印象会使顾客想要深入了解服务企业，使顾客积极主动地向服务员工表达自己的需求，更加乐意主动分享自己的消费体验，有利于顾客与服务企业之间的信息交流。这种积极的企业印象也会使顾客对自己的行为规范产生约束，这种约束会使顾客积极配合服务员工，避免自己的行为对消费场所中的其他顾客产生影响，有利于顾客与服务企业之间的合作行为。高激励机制的服务企业为顾客带来了更加完善的消费体验，顾客能够礼貌地和服务员工进行交流，并与服务员工比较融洽的相处，从而有利于顾客与服务企业之间的人际交互。本书提出如下假设：

H3d：激励机制对信息交流具有正向影响。

H3e：激励机制对合作行为具有正向影响。

H3f：激励机制对人际交互具有正向影响。

沟通特质主要体现在员工与员工之间，以及员工与顾客之间。高沟通特质的服务企业具有开放的交流环境，员工能够认真对待顾客的反馈意见，服务企业中的员工相处比较融洽。高沟通特质的服务企业中这种比较开放和相对无约束的交流环境，会使顾客较快地融入消费环境。由于言语表达上的无约束性，并且服务员工能够积极对待顾客的意见，顾客愿意将自己的需求清楚地表达给服务员工，顾客也乐意向服务员工表达自己的要求和建议，有利于增进顾客与服务企业之间的了解，从而有利于顾客和服务企业之间的信息交流。高沟通特质的服务企业员工认真对待顾客提出的要求和建议，会使顾客感受到尊重和自我价值的实现，顾客会积极配合服务员工的工作，并且遵守服务企业的相关规定，从而有利于顾客和服务企业之间的合作行为。高沟通特质的服务企业中这种开放的交流环境，会使顾客与服务员工之间进行充分的交流，加深顾客和服务员工彼此之间的了解，从而有利于顾客和服务企业之间的人际交互。本书提出如下假设：

H3g：沟通特质对信息交流具有正向影响。

H3h：沟通特质对合作行为具有正向影响。

H3i：沟通特质对人际交互具有正向影响。

4.2.2.3 顾客偏好的调节作用

顾客偏好在顾客能力影响顾客参与过程中的调节作用假设同第3章。

H4a：顾客偏好在知识能力对信息交流的影响中具有调节效应。

H4b：顾客偏好在知识能力对合作行为的影响中具有调节效应。

H4c：顾客偏好在知识能力对人际交互的影响中具有调节效应。

H4d：顾客偏好在创新能力对信息交流的影响中具有调节效应。

H4e：顾客偏好在创新能力对合作行为的影响中具有调节效应。

H4f：顾客偏好在创新能力对人际交互的影响中具有调节效应。

H4g：顾客偏好在沟通能力对信息交流的影响中具有调节效应。

H4h：顾客偏好在沟通能力对合作行为的影响中具有调节效应。

H4i：顾客偏好在沟通能力对人际交互的影响中具有调节效应。

企业名望主要体现在企业的社会知名度和社会信任度。高企业名望的服务企业具有较好的口碑和品牌效应，使顾客具有较强的情感依赖性，这种情感倾向会使顾客更加愿意去接触和了解高企业名望的服务企业。激励机制主要体现在服务企业是否具有完善的奖惩机制及员工培训业务。高激励机制的服务企业拥有完善的奖惩机制和严格的员工培训业务，员工也会清楚地知道自己的职责并认真负责自己的工作，高激励机制的服务企业会为顾客带来更加完善的服务，会使顾客对该服务企业产生更加深刻的印象。沟通特质主要

第4章 企业特质对共创价值的跨层次作用机制

体现为员工与员工之间,以及员工与顾客之间的交流欲望。高沟通特质的服务企业具有开放的交流环境,员工能够认真对待顾客的反馈意见,服务企业中的员工相处比较融洽。高顾客偏好的顾客具体表现为顾客对服务企业有一定情感上的偏爱,顾客认同服务企业所代表的价值观和生活方式,在其他服务企业有优惠的情况下,顾客仍会继续选择该服务企业。对于相同企业名望(激励机制、沟通特质)的服务企业,由于高顾客偏好的顾客在情感上的付出要比低顾客偏好的顾客高,进而引发高顾客偏好的情感依赖性更加强烈,而情感依赖性的增加会对顾客的行为和心理产生积极的影响,在相同企业名望(激励机制、沟通特质)的服务企业中,高顾客偏好的顾客由于情感上的倾向性可以更加清楚地向服务人员表达自己的需求,从而对于相同企业名望(激励机制、沟通特质)的服务企业,高顾客偏好的顾客比低顾客偏好的顾客会表现出更加积极的信息交流行为。高顾客偏好的顾客对服务企业表现出的情感偏好和依赖性,会使高顾客偏好的顾客更加积极配合服务员工的工作并自觉遵守服务企业的相关规定,避免自己的行为对其他顾客产生不良影响,从而对于相同企业名望(激励机制、沟通特质)服务企业,高顾客偏好的顾客会比低顾客偏好的顾客表现出更加积极的合作行为。高顾客偏好的顾客对服务企业表现出的情感偏好和依赖性,也会使高顾客偏好的顾客更加礼貌地和服务员工进行交流,并更加主动地赞美服务员工,因而可以和服务员工相处得更加融洽,从而对于相同企业名望(激励机制、沟通特质)服务企业,高顾客偏好的顾客会比低顾客偏好的顾客表现出更加积极的人际交互行为。企业名望(激励机制、沟通特质)对信息交流、合作行为和人际交互的影响在面对具有高低偏好的顾客时,会有不同的影响结果。本书提出如下假设:

H5a:顾客偏好在企业名望对信息交流的影响中具有调节效应。

H5b:顾客偏好在企业名望对合作行为的影响中具有调节效应。

H5c:顾客偏好在企业名望对人际交互的影响中具有调节效应。

H5d：顾客偏好在激励机制对信息交流的影响中具有调节效应。

H5e：顾客偏好在激励机制对合作行为的影响中具有调节效应。

H5f：顾客偏好在激励机制对人际交互的影响中具有调节效应。

H5g：顾客偏好在沟通特质对信息交流的影响中具有调节效应。

H5h：顾客偏好在沟通特质对合作行为的影响中具有调节效应。

H5i：顾客偏好在沟通特质对人际交互的影响中具有调节效应。

4.2.2.4 服务氛围跨层次的调节作用

服务氛围是指顾客在服务消费过程中的环境因素。这种环境是由企业与员工共同营造的，良好的服务环境由多种因素组成，如店面装饰的整体形象、店内的布置、员工的仪容仪表、服务的质量等[210]。佩恩等人研究表明，服务行为发生过程中的环境要素会对顾客品牌态度的构建产生积极的影响作用，有利于促进顾客与企业之间的互动[26]。坎丹普利（Kandampully）和苏哈坦托（Suhartanto）以酒店服务业为研究对象，指出服务企业可以通过改变服务氛围来影响顾客参与行为，服务氛围有助于企业管理看似无法控制的顾客，进而改变顾客的决策行为[210]。顾客会与服务企业中的员工直接紧密接触与互动。通过与企业员工接触互动，顾客可以从员工身上获取组织服务氛围等相关信息，企业营造的服务环境及员工对顾客提供的一系列服务过程都会影响顾客对服务企业服务氛围的感知[211-213]。

顾客知识能力体现在顾客拥有的学历水平及顾客受教育的程度。高知识能力的顾客表现为拥有丰富的专业知识和较高的专业技能，并能够将专业知识很好地应用到实践中。顾客创新能力体现在顾客发现问题和解决问题的能力上。高创新能力的顾客表现为具有良好的发现问题和解决问题的能力。顾客沟通能力表现为顾客愿意花费时间向企业员工表达个人需求或愿望的能力。高沟通能力的顾客具有较好的语言表达能力，在与服务企业员工互动的过程中，能够清楚地表达自身的需求。具有高服务氛围的服务企业具体表现为该服

第 4 章 企业特质对共创价值的跨层次作用机制

务企业具有一系列有利于顾客的政策和规定，服务企业员工可以耐心地帮助顾客，该企业内饰布置和摆设比较合理，并且该服务企业具有足够的员工为顾客提供及时的服务。顾客消费或接受服务的过程可以被视为一种社会交换过程，根据社会交换理论中的互惠原则，顾客在参与服务的过程中，如果感知到服务企业提供了良好的服务氛围，会表现出积极的情感和行为反馈，并表现出积极的顾客参与行为[214-216]。具有相同知识能力（创新能力、沟通能力）的顾客在与服务企业员工接触时，在高服务氛围企业中感知到更加有利于其参与服务的消费环境，会表现出比低服务氛围企业中更加积极的情感和行为反馈。顾客这种积极的情感响应使拥有相同知识能力（创新能力、沟通能力）的顾客在高服务氛围企业中可以更加清楚地向服务员工表达自己的需求，从而比在低服务氛围企业中会表现出更加积极的信息交流行为。顾客在高服务氛围企业参与服务过程中积极的情感响应，会使其更加积极地配合服务员工的工作，并自觉遵守服务企业的相关规定，避免自己的行为对其他顾客产生不良的影响，从而拥有相同知识能力（创新能力、沟通能力）的顾客在高服务氛围企业中比在低服务氛围企业中会表现出更加积极的合作行为。顾客在高服务氛围企业参与服务过程中积极的情感响应，也会使顾客在高服务氛围企业中更加礼貌地和服务员工进行交流，并更加主动地赞美服务员工，因而可以和服务员工相处得更加融洽，从而拥有相同知识能力（创新能力、沟通能力）顾客在高服务氛围企业会比低服务氛围企业表现出更加积极的人际交互行为。顾客知识能力（创新能力、沟通能力）对信息交流，合作行为和人际交互的影响在服务氛围不同的服务企业中，会有不同的影响结果。本书提出如下假设：

H6a：服务氛围在知识能力对信息交流的影响中具有调节效应。

H6b：服务氛围在知识能力对合作行为的影响中具有调节效应。

H6c：服务氛围在知识能力对人际交互的影响中具有调节效应。

H6d：服务氛围在创新能力对信息交流的影响中具有调节效应。

H6e：服务氛围在创新能力对合作行为的影响中具有调节效应。
H6f：服务氛围在创新能力对人际交互的影响中具有调节效应。
H6g：服务氛围在沟通能力对信息交流的影响中具有调节效应。
H6h：服务氛围在沟通能力对合作行为的影响中具有调节效应。
H6i：服务氛围在沟通能力对人际交互的影响中具有调节效应。

企业名望主要体现在企业的社会知名度和社会信任度。高企业名望的服务企业具有较好的口碑和品牌效应，使顾客具有较强的情感依赖性，这种情感倾向会使顾客更加愿意去接触和了解高企业名望的服务企业。激励机制主要体现在服务企业是否具有完善的奖惩机制及员工培训业务。高激励机制的服务企业拥有完善的奖惩机制和严格的员工培训业务，员工也会清楚地知道自己的职责并认真负责自己的工作，高激励机制的服务企业会为顾客带来更加完善的服务，会使顾客对该服务企业产生更加深刻的印象。沟通特质主要体现在员工与员工之间，以及员工与顾客之间的交流欲望。高沟通特质的服务企业具有开放的交流环境，员工能够认真对待顾客的反馈意见，服务企业中的员工相处比较融洽。具有高服务氛围的服务企业具体表现为该服务企业具有一系列有利于顾客的政策和规定，服务企业员工可以耐心地帮助顾客，该企业内饰布置和摆设比较合理，并且该服务企业具有足够的员工为顾客提供及时的服务。顾客在与相同企业名望（激励机制、沟通特质）服务企业员工接触时，在高服务氛围企业中感知到更加有利于顾客参与服务的消费环境，会表现出比在低服务氛围企业中更加积极的情感和行为反馈。顾客这种积极的情感响应使顾客在高服务氛围企业可以更加清楚地向服务员工表达自己的需求，从而顾客在同企业名望（激励机制、沟通特质）高服务氛围企业会比低服务氛围企业表现出更加积极的信息交流行为。顾客在高服务氛围企业参与服务过程中的积极情感响应，会使其更加积极地配合服务员工的工作并自觉遵守服务企业的相关规定，避免自己的行为对其他顾客产生不良的影响，从而顾客在同企业名望（激励机制、沟通特质）高服务氛围企业会比低服务氛围企业表现出更加积极的合作行为。顾客在高服务氛围企业参与服务过程中的积极情感响应，也会使其更加礼貌地和服务员工进行交流，并更加主动地赞美服务员工，因而可以和服务员工相处得更加融洽，从而顾客在同企业名望（激励机制、沟通特质）高服务氛围企业会比低服务氛围企业表现出更加积极的人际交互行为。企业名望（激励机制、沟通特质）对信息交流，合作行为和人际交互的影响在高低服务氛围不同的服务企业中，会有不同的影响结果。本书提出如下假设：

H7a：服务氛围在企业名望对信息交流的影响中具有调节效应。

H7b：服务氛围在企业名望对合作行为的影响中具有调节效应。

H7c：服务氛围在企业名望对人际交互的影响中具有调节效应。

H7d：服务氛围在激励机制对信息交流的影响中具有调节效应。

H7e：服务氛围在激励机制对合作行为的影响中具有调节效应。

H7f：服务氛围在激励机制对人际交互的影响中具有调节效应。

H7g：服务氛围在沟通特质对信息交流的影响中具有调节效应。

H7h：服务氛围在沟通特质对合作行为的影响中具有调节效应。

H7i：服务氛围在沟通特质对人际交互的影响中具有调节效应。

4.2.2.5 顾客信任的中介效用

在跨层次的背景之下，本部分研究内容将继续探讨顾客信任在顾客参与影响共创价值过程中的中介效应是否依然成立。其假设同第3章。

H8a：信息交流对顾客信任具有正向的影响。

H8b：合作行为对顾客信任具有正向的影响。

H8c：人际交互对顾客信任具有正向的影响。

H9a：顾客信任对享乐价值具有正向的影响。

H9b：顾客信任对经济价值具有正向的影响。

H9c：顾客信任对关系价值具有正向的影响。

H10：顾客信任在顾客参与影响共创价值的过程中具有中介效应。

H10a：顾客信任在信息交流影响享乐价值的过程中具有中介效应。

H10b：顾客信任在信息交流影响经济价值的过程中具有中介效应。

H10c：顾客信任在信息交流影响关系价值的过程中具有中介效应。

H10d：顾客信任在合作行为影响享乐价值的过程中具有中介效应。

H10e：顾客信任在合作行为影响经济价值的过程中具有中介效应。

H10f：顾客信任在合作行为影响关系价值的过程中具有中介效应。

H10g：顾客信任在人际交互影响享乐价值的过程中具有中介效应。

H10h：顾客信任在人际交互影响经济价值的过程中具有中介效应。

H10i：顾客信任在人际交互影响关系价值的过程中具有中介效应。

4.3 研究设计与数据处理

4.3.1 其他变量测量

企业特质对共创价值的跨层次作用路径包括顾客能力、顾客参与、共创价值、顾客偏好、服务氛围和顾客信任等几个变量。其中顾客能力、顾客参与、共创价值、顾客偏好和顾客信任的测量同第 3 章。

本书将采用伯顿（Berthon）等人开发的服务氛围量表对本研究中服务氛围的概念进行测量[217]。服务氛围包含"本企业具有一系列有利于顾客的政策和规定""企业员工可以耐心帮助顾客""本企业内饰布置和摆设比较合理""有足够的企业员工为顾客提供服务""当员工需要服务时，能够较容易地接收服务"5 个题项。

根据各变量的测量方法，制作调查问卷，采用 7 级李克特量表，"1"代表非常不同意，"7"代表非常同意。每个变量的具体测量题项如表 4-14 所示。

第4章 企业特质对共创价值的跨层次作用机制

表 4-14 顾客能力和企业特质对共创价值的跨层次作用机制的测量题项

变量	编号	测量问题	题项来源
企业名望 CR	CR1	本企业具有很高的社会知名度	本书研究结果
	CR2	本企业具有很高的社会信任度	
	CR3	我愿意向我的其他朋友介绍本企业	
激励机制 MM	MM1	本企业拥有完善的奖惩机制	本书研究结果
	MM2	员工清楚地知道自己的职责并认真负责自己的工作	
	MM3	本企业拥有严格的员工业务培训	
沟通特质 CC	CC1	企业员工能够认真对待顾客的反馈意见	本书研究结果
	CC2	企业员工的沟通能力比较强	
	CC3	本企业中员工相处比较融洽	
知识能力 KA	KA1	我能较好地将自己所学的专业知识应用到实践活动中	彭艳君和管婷婷[83]
	KA2	我自己会主动学习实践活动中所需的专业技能	
	KA3	我会主动将自己所学的专业技能应用到实践活动中	
创新能力 IA	IA1	我能够对工作中现有的方法做出灵活运用，并创造性地提出新的方法	彭艳君和管婷婷[83]
	IA2	我具备良好的发现问题和解决问题的能力	
	IA3	我能够及时地发现工作中的问题	
	IA4	我能够采取有效的措施解决工作中的问题	
沟通能力 NA	NA1	在服务过程中愿意花费时间向企业员工表达我的个人需求	彭艳君和管婷婷[83]
	NA2	在服务过程中愿意花费时间向企业员工分享我的意见	
	NA3	能够向服务企业提供建议以改善服务结果	
服务氛围 SE	SE1	本企业具有一系列有利于顾客的政策和规定	伯顿等人[217]
	SE2	企业员工可以耐心帮助顾客	
	SE3	本企业内饰布置和摆设比较合理	
	SE4	有足够的企业员工为顾客提供服务	
	SE5	当员工需要服务时，能够较容易地接受服务	

续表

变量	编号	测量问题	题项来源
顾客偏好 UP	UP1	随着交易次数的增加,我对该服务企业有一定情感上的偏爱	斯里尼瓦桑和帕克[204]
	UP2	我认同该服务企业所代表的价值观和生活方式	
	UP3	在其他服务企业有优惠的情况下,我仍会继续光顾该企业	
信息交流 IE	IE1	接受该项服务时,我能够清楚地向服务员工表达我的需求	维韦克[203]
	IE3	我能够向该服务企业提供完成该项服务所需的信息及相关材料	
	IE3	在服务过程中,我传递给服务员工的信息是准确合理的	
合作行为 CB	CB1	在服务过程中,我能够配合服务员工的工作,以便顺利完成该项服务	维韦克[203]
	CB2	我总是能够认真履行该服务企业期望我完成的行为	
	CB3	在服务过程中,我能够遵守该企业的相关规定,避免自己的行为对其他顾客产生不良的影响	
人际交互 UC	UC1	在服务过程中,我能够礼貌地和服务员工进行交流	维韦克[203]
	UC2	在服务过程中,如果服务员工表现好,我会赞美他们	
	UC3	在整个服务过程中,我能够和这里的顾客、服务员工都相处融洽	
顾客信任 CL	CL1	总的来说,我对这家企业的服务感到满意	克和谢[185]
	CL2	我会推荐这家企业给别人	
	CL3	我和服务企业中的员工交流没有距离感	
享乐价值 EV	EV1	我很享受参与服务的过程	张等人[106]
	EV2	参与服务的过程是令人非常愉快的	
	EV3	参与服务的过程是十分有趣的	
经济价值 ECV	ECV1	在服务过程中可以得到更优质的服务	张等人[106]
	ECV2	在服务过程中可以得到更加个性化的服务	
	ECV3	在服务过程中可以得到更好的服务质量	

续表

变量	编号	测量问题	题项来源
关系价值 RV	RV1	与服务企业建立更好的关系	张等人[106]
	RV2	可以与服务企业更好地沟通	
	RV3	可以与好朋友分享在服务企业的消费体验	

4.3.2 数据收集

本书针对餐饮企业进行调查。为保证调查问卷的测量题项的有效性，在正式问卷调查开始之前，本书对初始问卷进行预测试，随机选取辽宁省沈阳地区的 12 家餐饮企业中的 120 名企业管理者（包含中层经理、主管和企业员工）及接受员工服务的 360 名顾客对问卷进行预测试（未包含在最后样本中）。对预测试收集的数据分别进行探索性因子分析和信效度分析。探索性因子分析的结果表明，初始问卷测量量表的公因子累计方差贡献率均在 75% 以上，达到了较高的水平。其中初始问卷测量题项的因子载荷均在 0.5 以上，表明初始问卷的结构效度良好。所有潜变量的 Cronbach's α 系数均超过了 0.7 的可接受水平，表明初始问卷的可信度较好。

在正式调研中，本书研究人员随机对沈阳地区 45 家餐饮企业进行调查，调查时间从 2016 年 10 月 25 日至 2017 年 7 月 12 日，由 450 名中层经理、主管和企业员工（每家服务企业都包含 3 名中层经理或者部门主管、7 名服务员工）填写企业特质和服务氛围信息，由 1350 名顾客（由服务企业中正在接受服务员工提供服务的顾客进行现场填写）填写参与顾客能力和企业特质对共创价值跨层次作用机制研究的调查问卷。由于部分问卷中存在未完成打分的题项和由于部分被调查者随意填写而未满足问卷填写要求，删除无效问卷，最终获得 38 家有效企业，369 名服务企业中层经理、主管和企业员工，共 1140 份顾客有效问卷，组织层次问卷有效率为 82.0%，个体层次问卷有效率为 84.4%，满足实证分析对数据的要求[205]。

为了保证本书研究样本选取的代表性，在数据分析之前，先进行问卷样本的结构分析，具体样本特征如表 4-15 所示。结果表明，研究所选取的样本代表性较强，具体表现为顾客群体中，性别结构的男性比率为 57.0%，年龄分布 26~50 岁为主要消费群体，学历概况以本科学历及以下为主要学历背景，服务企业以私营企业为主，成立时间多在 10 年以下，公司规模大多在 10 人以上、100 人以下，与实际情况相比，样本的结构分析结果较为合理。

表 4-15 样本统计特征

人口概况		人口统计学变量	频数	频率 /%
个体层次样本特征	性别	男	650	57.0
		女	490	43.0
	年龄	25 岁及以下	208	18.2
		26~35 岁	275	24.1
		36~50 岁	399	35.0
		51~60 岁	199	17.5
		60 岁以上	59	5.2
个体层次样本特征	学历	专科及以下	375	32.9
		本科	488	42.8
		硕士研究生	211	18.5
		博士研究生及以上	66	5.8
组织层次样本特征	企业性质	国有企业	11	28.9
		私营企业	27	71.1
	成立时间	5 年及以下	9	23.7
		6~10 年	21	55.3
		10 年以上	8	21.0
	公司规模	10 人及以下	0	0
		10~100 人	34	89.5
		100 人以上	4	10.5

续表

人口概况	人口统计学变量	频数	频率 /%
经理、部门主任和企业员工样本特征	性别 男	285	77.2
	性别 女	84	22.8
	年龄 25 岁及以下	65	17.6
	年龄 26~35 岁	165	44.7
	年龄 36~50 岁	76	20.6
	年龄 51~60 岁	51	13.8
	年龄 60 岁以上	12	3.3
	学历 专科及以下	203	55.0
	学历 本科	114	30.9
	学历 硕士研究生	48	13.0
	学历 博士研究生及以上	4	1.1

4.3.3 信度和效度检验

4.3.3.1 共同方法变异检验

本书在数据收集的过程中采用自我报告的方法，尽管采用了变换测量题项的作答方向、改变测量题项的顺序等方式进行控制，在一定程度上控制了共同方法变异（CMV），但因为数据收集发生在相同的时间段内，采用了相同的调查工具，因此仍需要对共同方法变异进行检验。本书采用 Harman 单因素检验对共同方法变异问题进行统计控制，对问卷所有的测量题项进行最大方差提取法主成分分析，在未旋转时得到的第一主成分反映了共同方法变异的量。在本书中，按照上述操作得出第一主成分为 19.25%，不占大多数，表明第一主成分并未解释大部分变量，即本书的共同方法变异可以接受。

4.3.3.2 量表的信度检验

量表的合理性主要是指所设置的题项是否完整全面，有效的量表应该在题项更新前后所得的测量结果有较高的相关性，如果差异较大，则意味着所设置的题项可能并非是对同一个对象的测量，题项可能无法达到预期的测量目的。信度分析是对量表的有效性进行研究，首先对各个题项做基本描述统计、计算各个题项的简单相关系数及删除一个题项后其他题项之间的相关系数，对信度进行初步分析。本书运用 SPSS 17.0 对量表的信度进行分析，其分析结果如表 4-16 所示。分析结果表明，测量题项的项目删除后 Cronbach's α 值均大于 0.9，处于较高的水平，说明测量题项具有很好的可靠性。

表 4-16 量表的信度分析

项目	项目删除后均值	项目删除后方差	项目与总体的相关系数	相关系数平方	项目删除后 Cronbach's α 值
CR1	3.082	2.007	0.397	0.158	0.930
CR2	3.802	1.861	0.518	0.268	0.942
CR3	3.163	1.070	0.555	0.308	0.934
MM1	3.607	1.612	0.519	0.269	0.916
MM2	3.156	1.465	0.355	0.126	0.954
MM3	4.278	0.835	0.629	0.396	0.964
CC1	3.825	1.700	0.737	0.543	0.947
CC2	3.646	2.779	0.316	0.100	0.919
CC3	4.189	2.344	0.356	0.127	0.928
KA1	3.091	2.290	0.202	0.041	0.933
KA2	3.315	1.643	0.567	0.321	0.935
KA3	4.223	0.468	0.413	0.171	0.904
IA1	3.921	1.826	0.725	0.526	0.934
IA2	4.332	1.938	0.641	0.411	0.941

第4章 企业特质对共创价值的跨层次作用机制

续表

项目	项目删除后均值	项目删除后方差	项目与总体的相关系数	相关系数平方	项目删除后Cronbach's α值
IA3	3.755	2.109	0.100	0.010	0.935
IA4	3.055	2.098	0.647	0.419	0.939
NA1	3.608	0.447	0.689	0.475	0.925
NA2	4.438	2.206	0.477	0.228	0.926
NA3	3.553	1.564	0.237	0.056	0.944
SE1	3.998	1.551	0.564	0.318	0.930
SE2	3.453	1.999	0.772	0.596	0.920
SE3	3.850	1.655	0.571	0.326	0.947
SE4	3.531	1.966	0.657	0.432	0.934
SE5	3.143	0.751	0.757	0.573	0.937
UP1	3.382	1.935	0.326	0.106	0.932
UP2	3.834	2.486	0.525	0.276	0.909
UP3	4.541	1.182	0.488	0.238	0.927
IE1	4.004	1.681	0.454	0.206	0.921
IE2	3.651	1.916	0.438	0.192	0.936
IE3	3.202	2.013	0.453	0.205	0.920
CB1	3.450	0.882	0.690	0.476	0.907
CB2	3.841	1.098	0.407	0.166	0.945
CB3	3.951	1.304	0.405	0.164	0.932
UC1	3.468	1.114	0.503	0.253	0.949
UC2	3.590	2.144	0.469	0.220	0.916
UC3	3.493	2.044	0.478	0.228	0.933
CL1	3.547	0.485	0.609	0.371	0.937
CL2	4.766	1.121	0.682	0.465	0.944
CL3	3.359	1.700	0.623	0.388	0.915

续表

项目	项目删除后均值	项目删除后方差	项目与总体的相关系数	相关系数平方	项目删除后Cronbach's α 值
CL3	3.617	2.199	0.556	0.309	0.919
EV1	2.885	1.712	0.610	0.372	0.932
EV2	3.465	1.241	0.610	0.372	0.917
EV3	2.745	1.953	0.233	0.054	0.916
ECV1	4.024	2.387	0.741	0.549	0.937
ECV2	3.083	1.506	0.324	0.105	0.939
ECV3	4.031	1.731	0.522	0.272	0.947
RV1	4.142	1.554	0.680	0.462	0.925
RV2	3.883	2.073	0.434	0.188	0.901
RV3	3.082	2.007	0.397	0.158	0.930

在问卷设计的过程中，量表的测量题项虽然参考了文献中的成熟量表，但因为在研究的过程中根据具体的研究问题对已有文献中的测量题项进行了修改，所以本节将对量表的信度和效度水平进行检验。运用 Amos 7.0 对问卷数据进行验证性因子分析，对最终的评价量表做信度检验来进一步了解其可靠性与有效性，测量模型的主要拟合指标如下：卡方值为 489.35，GFI=0.907，CFI=0.894，NFI=0.883，IFI=0.915，RMSEA=0.093，SRMR=0.086。根据拟合优度指数判断，本书的测量工具与数据拟合程度较好。

Cronbach's α 系数用来检验问卷的信度，一般来讲该系数越高，量表的内部一致性就越好。信度检验结果如表 4-17 所示，所有潜变量的 Cronbach's α 值均大于 0.7，其中最小值为 0.750，最大值为 0.882，此外各潜变量的组合信度值（CR）也处在较高的水平，最小值为 0.763，最大值为 0.896，表明该测量量表具有较好的信度水平。

第4章 企业特质对共创价值的跨层次作用机制

表 4-17 测量模型的验证性因子分析

变量	题项	因子载荷	T 值	Cronbach's α 值	CR 值	AVE 值
企业名望 CR	CR1	0.781	12.862	0.831	0.842	0.581
	CR2	0.892	14.091			
	CR3	0.773	13.774			
激励机制 MM	MM1	0.782	13.562	0.769	0.773	0.578
	MM2	0.893	14.294			
	MM3	0.832	14.962			
沟通特质 CC	CC1	0.851	15.464	0.750	0.763	0.592
	CC2	0.883	14.691			
	CC3	0.891	15.982			
知识能力 KA	KA1	0.724	13.673	0.871	0.896	0.584
	KA2	0.762	14.192			
	KA3	0.821	15.353			
创新能力 IA	IA1	0.784	12.872	0.796	0.806	0.599
	IA2	0.772	13.232			
	IA3	0.781	13.942			
	IA4	0.801	14.092			
沟通能力 NA	NA1	0.746	13.687	0.792	0.814	0.552
	NA2	0.637	14.576			
	NA3	0.684	15.146			
服务氛围 SE	SE1	0.784	13.892	0.871	0.872	0.594
	SE2	0.793	14.781			
	SE3	0.762	13.011			
	SE4	0.722	12.962			
	SE5	0.794	14.252			

续表

变量	题项	因子载荷	T 值	Cronbach's α 值	CR 值	AVE 值
顾客偏好 CP	CP1	0.861	13.852	0.864	0.851	0.571
	CP2	0.792	14.172			
	CP3	0.783	13.362			
信息交流 IE	IE1	0.782	13.854	0.851	0.803	0.591
	IE2	0.813	14.963			
	IE3	0.792	14.983			
合作行为 CB	CB1	0.832	13.814	0.759	0.766	0.528
	CB2	0.832	14.163			
	CB3	0.862	13.694			
人际交互 UC	UC1	0.891	15.691	0.788	0.793	0.585
	UC2	0.842	15.994			
	UC3	0.832	13.961			
顾客信任 CL	CL1	0.782	12.981	0.842	0.842	0.563
	CL2	0.812	13.732			
	CL3	0.798	13.785			
享乐价值 EV	EV1	0.794	14.622	0.872	0.863	0.674
	EV2	0.842	15.053			
	EV3	0.854	15.432			
经济价值 ECV	ECV1	0.743	13.952	0.862	0.851	0.572
	ECV2	0.802	14.033			
	ECV3	0.734	13.361			
关系价值 RV	RV1	0.851	15.943	0.882	0.872	0.641
	RV2	0.834	15.271			
	RV3	0.845	15.639			

第4章 企业特质对共创价值的跨层次作用机制

4.3.3.3 量表的效度检验

对量表的内容效度、收敛效度和区别效度进行分析。

（1）内容效度。本书旨在建立顾客能力和企业特质对共创价值的跨层次作用机制调查问卷量表，结合服务营销与管理学领域相关专家的意见和看法，对量表内容进行反复评估和修订。为了确保量表的内容效度，本书所设计的变量维度的题项，除顾客能力和企业特质外均来源于已有的成熟量表。为了避免问卷题项语义偏差对问卷质量的影响，项目研究者对所有英文量表题项翻译和回译等，将其翻译成中文，经5位管理学教授进行审阅和修订。然后，邀请5位博士研究生针对问卷题项进行了长达2小时的深入访谈，调整了问卷中部分易产生歧义和语义不通顺的题项。对于企业特质，本书通过项目分析和因子分析，筛选了企业特质测量的有效题项。最终得到48个题项作为正式调查问卷的依据，以此保证本书的量表具备良好的内容效度。

（2）收敛效度。本书采用题项在其对应潜变量的标准化因子载荷和潜变量的平均方差提取量（AVE值）作为评价量表收敛效度的指标。由表4-17分析可知，所有测量题项对应潜变量的标准化因子载荷均在0.5以上，且都在0.05的水平上显著，此外，各潜变量的AVE值都在0.5以上，表明各测量指标解释了潜变量的大部分方差，因此可以认为该量表具有较好的结构效度，能较好地反映顾客能力和企业特质对共创价值的跨层次作用机制。

（3）区别效度。AVE值的平方根应大于该潜变量与其他潜变量的相关系数。如表4-18所示，对角线数值表示AVE值的算术平方根，企业名望（CR）为0.762，激励机制（MM）为0.760，沟通特质（CC）为0.769，知识能力（KA）为0.764，创新能力（IA）为0.774，沟通能力（NA）为0.743，服务氛围（SE）为0.771，顾客偏好（UP）为0.756，信息交流（IE）为0.769，合作行为（CB）为0.727，人际交互（UC）为0.765，顾客信任（CL）为0.750，享乐价值（EV）为0.821，经济价值（ECV）为0.756，关系价值（RV）为0.801，均大于其所在列的所有数值，说明该问卷中各个潜变量之间的区别效度较好，表明每个潜变量之间存在着较为明显的差异。综上所述，该问题的测量量表拥有较高的量表效度。

表 4-18 区别效度的分析结果

变量	CR	MM	CC	KA	IA	NA	SE	UP	IE	CB	CP	UC	EV	ECV	RV
企业名望 CR	0.762	—	—	—	—	—	—	—	—	—	—	—	—	—	—
激励机制 MM	0.309	0.760	—	—	—	—	—	—	—	—	—	—	—	—	—
沟通特质 CC	0.561	0.698	0.769	—	—	—	—	—	—	—	—	—	—	—	—
知识能力 KA	0.443	0.476	0.361	0.764	—	—	—	—	—	—	—	—	—	—	—
创新能力 IA	0.555	0.489	0.202	0.318	0.774	—	—	—	—	—	—	—	—	—	—
沟通能力 NA	0.616	0.646	0.360	0.674	0.395	0.743	—	—	—	—	—	—	—	—	—
服务氛围 SE	0.490	0.633	0.364	0.367	0.292	0.362	0.771	—	—	—	—	—	—	—	—
顾客偏好 UP	0.335	0.591	0.452	0.456	0.384	0.531	0.562	0.756	—	—	—	—	—	—	—
信息交流 IE	0.385	0.610	0.391	0.256	0.531	0.562	0.231	0.714	0.769	—	—	—	—	—	—
合作行为 CB	0.445	0.613	0.546	0.645	0.471	0.481	0.368	0.403	0.431	0.727	—	—	—	—	—
人际交互 UC	0.472	0.466	0.661	0.819	0.682	0.661	0.402	0.541	0.479	0.526	0.765	—	—	—	—
顾客信任 CL	0.417	0.715	0.371	0.261	0.568	0.562	0.362	0.562	0.541	0.368	0.474	0.750	—	—	—
享乐价值 EV	0.500	0.482	0.422	0.604	0.564	0.664	0.293	0.591	0.599	0.508	0.452	0.564	0.821	—	—
经济价值 ECV	0.753	0.364	0.264	0.751	0.469	0.691	0.421	0.564	0.456	0.523	0.631	0.622	0.542	0.756	—
关系价值 RV	0.464	0.183	0.392	0.641	0.357	0.722	0.412	0.663	0.701	0.412	0.582	0.593	0.453	0.581	0.801

注：对角线数值表示 AVE 值的算术平方根，其他数值表示每个潜变量之间的相关系数值。

4.4 假设检验

4.4.1 顾客能力对共创价值的作用路径分析

本书仍然采用第 3 章中的结构方程模型（Structural Equation Modeling，SEM）分析顾客能力对共创价值的作用路径，应用 Amos 7.0 软件对数据进行分析，运用极大似然估计的方法来检验提出的模型与假设。检验顾客能力对共创价值的作用路径在加入企业特质这一组织层次的变量之后，第 3 章的研究假设是否依然成立。经过 Bootstrap 的 5000 次抽样，分析结果具体如下：卡方值为 628.174，GFI=0.906，CFI=0.879，NFI=0.891，IFI=0.907，RMSEA=0.002，SRMR=0.003。结果表明模型拟合效果较好，假设检验结果如表 4-19 所示。

由表 4-19 可以看出，在顾客能力对共创价值的作用路径下，第 3 章中关于顾客能力对共创价值的作用路径依旧显著。具体表现为：在 0.001 的显著性水平下，知识能力显著影响信息交流（0.265），知识能力对信息交流具有促进作用，假设 H1a 得到验证；在 0.01 的显著性水平下，知识能力显著影响合作行为（0.258），知识能力对合作行为具有促进作用，假设 H1b 得到验证。

表 4-19 假设检验结果

假设	变量之间的关系	标准化路径系数	T 值	假设检验结果
H1a	知识能力 → 信息交流	0.265	11.151***	支持
H1b	知识能力 → 合作行为	0.258	8.566**	支持
H1c	知识能力 → 人际交互	0.296	2.687*	支持
H1d	创新能力 → 信息交流	0.228	4.587*	支持
H1e	创新能力 → 合作行为	0.312	12.689***	支持
H1f	创新能力 → 人际交互	0.294	8.920**	支持
H1g	沟通能力 → 信息交流	0.396	6.444**	支持
H1h	沟通能力 → 合作行为	0.224	8.703**	支持
H1i	沟通能力 → 人际交互	0.307	6.410**	支持

续表

假设	变量之间的关系	标准化路径系数	T 值	假设检验结果
H2a	信息交流 → 享乐价值	0.461	6.804**	支持
H2b	信息交流 → 经济价值	0.308	7.267**	支持
H2c	信息交流 → 关系价值	0.293	10.649***	支持
H2d	合作行为 → 享乐价值	0.207	8.378**	支持
H2e	合作行为 → 经济价值	0.283	12.701***	支持
H2f	合作行为 → 关系价值	0.329	10.203***	支持
H2g	人际交互 → 享乐价值	0.277	6.647**	支持
H2h	人际交互 → 经济价值	0.254	7.814**	支持
H2i	人际交互 → 关系价值	0.281	4.796*	支持
H8a	信息交流 → 顾客信任	0.405	5.131*	支持
H8b	合作行为 → 顾客信任	0.394	8.738**	支持
H8c	人际交互 → 顾客信任	0.257	7.937**	支持
H9a	顾客信任 → 享乐价值	0.286	7.917**	支持
H9b	顾客信任 → 经济价值	0.314	10.578***	支持
H9c	顾客信任 → 关系价值	0.261	11.851***	支持

* $p<0.05$；** $p<0.01$；*** $p<0.001$。

在 0.05 的显著性水平下，知识能力显著影响人际交互（0.296），知识能力对人际交互有促进作用，假设 H1c 得到验证；在 0.05 的显著性水平下，创新能力显著影响信息交流（0.228），创新能力对信息交流具有促进作用，假设 H1d 得到验证；在 0.001 的显著性水平下，创新能力显著影响合作行为（0.312），创新能力对合作行为具有促进作用，假设 H1e 得到验证；在 0.01 的显著性水平下，创新能力显著影响人际交互（0.294），创新能力对人际交互有促进作用，假设 H1f 得到验证；在 0.01 的显著性水平下，沟通能力显著影响信息交流（0.396），沟通能力对信息交流具有促进作用，假设 H1g 得到验证；在 0.01 的显著性水平下，沟通能力显著影响合作行为（0.224），沟通能力对合作行为具有促进作用，假设 H1h 得到验证；在 0.01 的显著性水平下，沟通能力显著影响人际交互（0.307），沟通能力对人际交互具有促进作用，假设 H1i 得到验证；在 0.01 的显著性水平下，信息交流显著影响享乐价值（0.461），信息交流对享乐价值具有促进作用，假设 H2a 得到验证；在 0.01 的显著性水平下，信息交流显著影响经济价值（0.308），信息交流对经济价值具有促进作用，假设 H2b 得到验证；在 0.001 的显著性水平下，信息交流显著影响关系价值（0.293），信息交流对关系价值具有促进作用，假设 H2c 得到验证；在 0.01 的显著性水平下，合作行为显著影响享乐价值（0.207），合作行为对享乐价值具有促进作用，假设 H2d 得到验证；在 0.001 的显著性水平下，合作行为显著影响经济价值（0.283），合作行为对经济价值具有促进作用，假设 H2e 得到验证；在 0.001 的显著性水平下，合作行为显著影响关系价值（0.329），合作行为对关系价值具有促进作用，假设 H2f 得到验证；在 0.01 的显著性水平下，人际交互显著影响享乐价值（0.277），人际交互对享乐价值具有促进作用，假设 H2g 得到验证；在 0.01 的显著性水平下，人际交互显著影响经济价值（0.254），人际交互对经济价值具有促进作用，假设 H2h 得到验证；在 0.05 的显著性水平下，人际交互显著影响关系价值（0.281），人际交互对关系价值具有促进作用，假设 H2i 得到验证；在 0.05 的显著性水平下，信息交流显著影响顾客信任（0.405），信息交流对顾客信任具有促进作用，假设 H8a 得到验证；在 0.01 的显著性水平下，合作行为显著影响顾客信任（0.394），合作行为对顾客信任具有促进作用，假设 H8b 得到验证；在 0.01 的显著性水平下，人际交互显著影响顾客信任（0.257），人际交互对顾客信任具有促进作用，假设 H8c 得到验证；在 0.01 的显著性水平下，顾客信任显著影响享乐价值（0.286），顾客信任对享乐价值具有促进作用，假设 H9a 得到验证；在 0.001 的显著性水平下，顾客信任显著影响经济价值（0.314），顾客信任对经济价值具有促进作用，假设 H9b 得到验证；在 0.001 的显著性水平下，顾客信任显著影响关系价值（0.261），顾客信任对关系价值具有促进作用，假设 H9c 得到验证。

4.4.2 顾客信任的中介效应检验

4.4.2.1 顾客信任在信息交流影响共创价值过程中的中介效应检验

为了揭示顾客信任在信息交流影响共创价值过程中的中介效应，本书依据温忠麟等人的研究方法，结合路径分析和 Sobel 检验，运用 Amos 7.0 逐个计算变量之间的路径系数和标准误差，在此基础上计算 Sobel 检验量（Z）[207]，进而对中介效应进行检验，表 4-20 为顾客信任的中介效应检验结果。

表 4-20 顾客信任在信息交流影响共创价值过程中的中介效应检验

假设	中介效应路径	路径系数	标准误差	Sobel 检验量（Z）	中介效应
H10a	信息交流 → 享乐价值（总效应）	0.557*	0.039	12.393 （$p<0.001$）	部分中介
	信息交流 → 顾客信任	0.405*	0.027		
	顾客信任 → 享乐价值	0.286**	0.013		
	控制顾客信任后， 信息交流 → 享乐价值（直接效应）	0.461**	0.008		
H10b	信息交流 → 经济价值（总效应）	0.354*	0.067	13.013 （$p<0.001$）	部分中介
	信息交流 → 顾客信任	0.405*	0.027		
	顾客信任 → 经济价值	0.314***	0.012		
	控制顾客信任后， 信息交流 → 经济价值（直接效应）	0.308**	0.011		
H10c	信息交流 → 关系价值（总效应）	0.392***	0.031	9.050 （$p<0.001$）	部分中介
	信息交流 → 顾客信任	0.405*	0.027		
	顾客信任 → 关系价值	0.261***	0.023		
	控制顾客信任后， 信息交流 → 关系价值（直接效应）	0.293***	0.047		

注：Sobel 统计量 $Z=\dfrac{\hat{a}\hat{b}}{S_{ab}}$，其中 $\hat{a}$ 和 $\hat{b}$ 分别为 a 和 b 的估计，$s_{ab}=\sqrt{\hat{a}^2 s_b^2+\hat{b}^2 s_a^2}$，$s_a$ 和 s_b 分别为 $\hat{a}$ 和 $\hat{b}$ 的标准误差；* $p<0.05$；** $p<0.01$；*** $p<0.001$。

首先，检验顾客信任在信息交流影响享乐价值过程中的中介效应。信息交流显著影响享乐价值（总效应：$\beta = 0.557$，$p < 0.05$），信息交流显著影响顾客信任（$\beta = 0.405$，$p < 0.05$），顾客信任显著影响享乐价值（$\beta = 0.286$，$p < 0.01$），控制顾客信任后，信息交流对享乐价值的影响显著降低（直接效应：$\beta = 0.461$，$p < 0.01$）。Sobel检验量$Z = 12.393$，$p < 0.001$，因此顾客信任在信息交流影响享乐价值的过程中起到了部分中介效应。

其次，检验顾客信任在信息交流影响经济价值过程中的中介效应。信息交流显著影响经济价值（总效应：$\beta = 0.354$，$p < 0.05$），信息交流显著影响顾客信任（$\beta = 0.405$，$p < 0.05$），顾客信任显著影响经济价值（$\beta = 0.314$，$p < 0.001$），控制顾客信任后，信息交流对经济价值的影响显著降低（直接效应：$\beta = 0.308$，$p < 0.01$）。Sobel检验量$Z = 13.013$，$p < 0.001$，因此顾客信任在信息交流影响经济价值的过程中起到了部分中介效应。

最后，检验顾客信任在信息交流影响关系价值过程中的中介效应。信息交流显著影响关系价值（总效应：$\beta = 0.392$，$p < 0.001$），信息交流显著影响顾客信任（$\beta = 0.405$，$p < 0.05$），顾客信任显著影响关系价值（$\beta = 0.261$，$p < 0.001$），控制顾客信任后，信息交流对关系价值的影响显著降低（直接效应：$\beta = 0.293$，$p < 0.001$）。Sobel检验量$Z = 9.050$，$p < 0.001$，因此顾客信任在信息交流影响关系价值的过程中起到了部分中介效应。

4.4.2.2 顾客信任在合作行为影响共创价值过程中的中介效应检验

为了揭示顾客信任在合作行为影响共创价值过程中的中介效应，本书依据温忠麟等人的研究方法，结合路径分析和Sobel检验，运用Amos 7.0逐个计算变量之间的路径系数和标准误差，在此基础上计算Sobel检验量（Z）[207]，进而对中介效应进行检验，表4-21所示为顾客信任的中介效应检验结果。

表 4-21　顾客信任在合作行为影响共创价值过程中的中介效应检验

假设	中介效应路径	路径系数	标准误差	Sobel 检验量（Z）	中介效应
H10d	合作行为 → 享乐价值（总效应）	0.368**	0.065	14.276 ($p<0.001$)	部分中介
	合作行为 → 顾客信任	0.394**	0.021		
	顾客信任 → 享乐价值	0.286**	0.013		
	控制顾客信任后，				
	合作行为 → 享乐价值（直接效应）	0.207**	0.052		
H10e	合作行为 → 经济价值（总效应）	0.331**	0.085	15.247 ($p<0.001$)	部分中介
	合作行为 → 顾客信任	0.394**	0.021		
	顾客信任 → 经济价值	0.314***	0.012		
	控制顾客信任后，				
	合作行为 → 经济价值（直接效应）	0.283***	0.033		
H10f	合作行为 → 关系价值（总效应）	0.395*	0.032	9.710 ($p<0.001$)	部分中介
	合作行为 → 顾客信任	0.394**	0.021		
	顾客信任 → 关系价值	0.261***	0.023		
	控制顾客信任后，				
	合作行为 → 关系价值（直接效应）	0.329***	0.005		

注：Sobel 统计量 $Z = \dfrac{\hat{a}\hat{b}}{S_{ab}}$，其中 $\hat{a}$ 和 $\hat{b}$ 分别为 a 和 b 的估计，$s_{ab} = \sqrt{\hat{a}^2 s_b^2 + \hat{b}^2 s_a^2}$，$s_a$ 和 s_b 分别为 $\hat{a}$ 和 $\hat{b}$ 的标准误差；* $p<0.05$；** $p<0.01$；*** $p<0.001$。

首先，检验顾客信任在合作行为影响享乐价值过程中的中介效应。合作行为显著影响享乐价值（总效应：$\beta = 0.368$，$p<0.01$），合作行为显著影响顾客信任（$\beta = 0.394$，$p<0.01$），顾客信任显著影响享乐价值（$\beta = 0.286$，$p<0.01$），控制顾客信任后，合作行为对享乐价值的影响显著降低（直接效应：$\beta = 0.207$，$p<0.01$）。Sobel 检验量 $Z = 14.276$，$p<0.001$，因此顾客信任在合作行为影响享乐价值的过程中起到了部分中介效应。

其次，检验顾客信任在合作行为影响经济价值过程中的中介效应。合作行为显著影响经济价值（总效应：$\beta = 0.331$，$p<0.01$），合作行为显著影响顾客信任（$\beta = 0.394$，$p<0.01$），顾客信任显著影响经济价值（$\beta = 0.314$，$p<0.001$），控制顾客信任后，合作行为对经济价值的影响显著降低（直接效应：$\beta = 0.283$，

$p < 0.001$）。Sobel 检验量 $Z = 15.274$，$p < 0.001$，因此顾客信任在合作行为影响经济价值的过程中起到了部分中介效应。

最后，检验顾客信任在合作行为影响关系价值过程中的中介效应。合作行为显著影响关系价值（总效应：$\beta = 0.395$，$p < 0.05$），合作行为显著影响顾客信任（$\beta = 0.394$，$p < 0.01$），顾客信任显著影响关系价值（$\beta = 0.261$，$p < 0.001$），控制顾客信任后，合作行为对关系价值的影响显著降低（直接效应：$\beta = 0.329$，$p < 0.001$）。Sobel 检验量 $Z = 9.710$，$p < 0.001$，因此顾客信任在合作行为影响关系价值的过程中起到了部分中介效应。

4.4.2.3 顾客信任在人际交互影响共创价值过程中的中介效应检验

为了揭示顾客信任在人际交互影响共创价值过程中的中介效应，本书依据温忠麟等人的研究方法，结合路径分析和 Sobel 检验，运用 Amos 7.0 逐个计算变量之间的路径系数和标准误差，在此基础上计算 Sobel 检验量（Z）[207]，进而对中介效应进行检验，表 4-22 为顾客信任的中介效应检验结果。

首先，检验顾客信任在人际交互影响享乐价值过程中的中介效应。人际交互显著影响享乐价值（总效应：$\beta = 0.363$，$p < 0.001$），人际交互显著影响顾客信任（$\beta = 0.257$，$p < 0.01$），顾客信任显著影响享乐价值（$\beta = 0.286$，$p < 0.01$），控制顾客信任后，人际交互对享乐价值的影响显著降低（直接效应：$\beta = 0.277$，$p < 0.01$）。Sobel 检验量 $Z = 6.790$，$p < 0.001$，因此顾客信任在人际交互影响享乐价值的过程中起到了部分中介效应。

其次，检验顾客信任在人际交互影响经济价值过程中的中介效应。人际交互显著影响经济价值（总效应：$\beta = 0.374$，$p < 0.001$），人际交互显著影响顾客信任（$\beta = 0.257$，$p < 0.01$），顾客信任显著影响经济价值（$\beta = 0.314$，$p < 0.001$），控制顾客信任后，人际交互对经济价值的影响显著降低（直接效应：$\beta = 0.254$，$p < 0.01$）。Sobel 检验量 $Z = 6.887$，$p < 0.001$，因此顾客信任在人际交互影响经济价值的过程中起到了部分中介效应。

最后，检验顾客信任在人际交互影响关系价值过程中的中介效应。人际交互显著影响关系价值（总效应：$\beta = 0.397$, $p < 0.05$），人际交互显著影响顾客信任（$\beta = 0.257$, $p < 0.01$），顾客信任显著影响关系价值（$\beta = 0.261$, $p < 0.001$），控制顾客信任后，人际交互对关系价值的影响显著降低（直接效应：$\beta = 0.281$, $p < 0.05$）。Sobel 检验量 $Z = 6.043$, $p < 0.001$，因此顾客信任在人际交互影响关系价值的过程中起到了部分中介效应。

表 4-22 顾客信任在人际交互影响共创价值过程中的中介效应检验

假设	中介效应路径	路径系数	标准误差	Sobel 检验量（Z）	中介效应
H10g	人际交互 → 享乐价值（总效应）	0.363***	0.065	6.790 ($p<0.001$)	部分中介
	人际交互 → 顾客信任	0.257**	0.036		
	顾客信任 → 享乐价值	0.286**	0.013		
	控制顾客信任后，人际交互 → 享乐价值（直接效应）	0.277**	0.058		
H10h	人际交互 → 经济价值（总效应）	0.374***	0.091	6.887 ($p<0.001$)	部分中介
	人际交互 → 顾客信任	0.257**	0.036		
	顾客信任 → 经济价值	0.314***	0.012		
	控制顾客信任后，人际交互 → 经济价值（直接效应）	0.254**	0.105		
H10i	人际交互 → 关系价值（总效应）	0.397*	0.055	6.043 ($p<0.001$)	部分中介
	人际交互 → 顾客信任	0.257**	0.036		
	顾客信任 → 关系价值	0.261***	0.023		
	控制顾客信任后，人际交互 → 关系价值（直接效应）	0.281*	0.012		

注：Sobel 统计量 $Z = \dfrac{\hat{a}\hat{b}}{S_{ab}}$，其中 $\hat{a}$ 和 $\hat{b}$ 分别为 a 和 b 的估计，$s_{ab} = \sqrt{\hat{a}^2 s_b^2 + \hat{b}^2 s_a^2}$，$s_a$ 和 s_b 分别为 $\hat{a}$ 和 $\hat{b}$ 的标准误差；* $p < 0.05$；** $p < 0.01$；*** $p < 0.001$。

4.4.3 企业特质对顾客参与的跨层次作用效应检验

4.4.3.1 分层线性模型

分层线性模型（Hierarchical Linear Model，HLM）又名多层线性模型（Multilevel Linear Model）、层次线性模型（Hierarch Linear Model）、多层分析（Multilevel Analysis/Model）。相对于传统的两种统计方法：一般线性模型（General Linear Model，GLM）和广义线性模型（Generalized Linear Models，GLMs），它们又有所不同，HLM 中的线性模型指的是线性回归，不过它与一般的分层线性回归（Hierarchical Regression）又是不同的，具体的不同见下面的数学模型部分。HLM 又被通俗地称为"回归的回归"，一般线性回归和多重线性回归都发生在单一层面，HLM 相对更适用于嵌套数据（Nest Data）。

有关分层线性模型的分类，多数根据回归模型所涉及的变量间复杂程度进行分类，通常采用的是空模型和全模型。空模型指的是模型中不包含个体层次和组织层次的任何变量；全模型指的是模型中同时包含个体层次和组织层次中的变量，并以此来解释因变量的模型[218,219]。

（1）模型一：空模型（又叫零模型）。

空模型中不包含个体层次和组织层次的任何变量。空模型的具体表达式如下，其中 i 表示第一层的个体，j 表示第二层的类型，Y_{ij} 表示从属于第 j 个第一层类型中的第 i 个第二层个体的因变量，β_{0j} 表示第 j 个第一层个体的平均水平，γ_{00} 表示全部第二层类型的平均水平，r_{ij} 表示第一层的随机误差项，u_{0j} 表示第二层的随机误差项。

第一层（Level 1）：$Y_{ij} = \beta_{0j} + r_{ij}$

第二层（Level 2）：$\beta_{0j} = \gamma_{00} + u_{0j}$

（2）模型二：全模型（又叫完全模型或以截距与斜率为结果的回归模型）。

将第一层和第二层中的变量纳入空模型中，研究两个层面的变量对因变量的影响。在第一层和第二层的模型中加入能够反映层次特征的变量，具体模型如下，其中 Y_{ij} 表示因变量，β_{0j} 表示第 j 个第一层个体的平均水平，$X1_{ij}$ 表示第一层中的自变量，r_{ij} 表示第一层的随机误差项，$X2_{ij}$ 表示第二层中的自变量，u_{0j} 表示第二层的随机误差项。

第一层（Level 1）：$Y_{ij} = \beta_{0j} + \beta_{ij}X1_{ij} + r_{ij}$

第二层（Level 2）：$\beta_{0j} = \gamma_{00} + \gamma_{0j}X2_{ij} + u_{0j}$

4.4.3.2　数据分析结果

在验证跨层次间的交互作用时，需将个体数据进行组间中心化。本书将采用总体平均化的中心化方法对个体数据进行处理，此种方法可以有效地减少潜在的共线性对分析问题的影响作用。采用分层线性模型（HLM）检验企业特质影响顾客参与的跨层次效应，并采用 Rwg 来衡量团队内部不同个体对测量有相同的反应程度，数值在 0.7 以上表示聚合的一致程度较高，采用 ICC（1）检验聚合个体变量到团队层次之前，不同组织存在的差异程度，取值大于 0.1 视为合格，采用 ICC（2）测量个体层次变量聚合为团队层次变量时，该变量的团队层次变量平均数的信度是否达到要求，一般数值在 0.7 以上视为较好。通过 Rwg、ICC（1）、ICC（2）指标的计算，检验顾客参与能否聚合为团体层次的变量。本书通过对样本数据的计算得出，顾客参与的三个维度的组均值可以聚合为团体层次的变量，其 Rwg 值分别为 0.836，0.851 和 0.795，均大于 0.7，ICC（1）分别为 0.237、0.386 和 0.561，均大于 0.1，ICC（2）分别为 0.762、0.776 和 0.801，均大于 0.7。结果表明，顾客参与可以聚合为团体层次的顾客参与。HLM 模型能够划分和估计出组内个体变量影响因变量（Level 1）和组织层次变量（Level 2）通过影响 Level 1 的截距独立影响因变量，也可通过影响 Level 1 的斜率，与个体层次变量交互影响因变量。相对于最小二乘法回归，HLM 方法更适合分析跨层次研究。将企业特质和顾客能力作为自变量，顾客参与作为因变量进行 HLM 跨层次分析，分析结果如表 4-23~ 表 4-25 所示。

第4章 企业特质对共创价值的跨层次作用机制

表 4-23 信息交流的分层线性模型检验结果

因变量		信息交流	
自变量		模型 M1	模型 M2
截距		4.256***（0.018）	4.069*（0.058）
第一层控制变量	性别	0.025*（0.029）	0.059（0.037）
	年龄	0.129（0.037）	0.048***（0.014）
	学历	0.059**（0.012）	0.027（0.036）
第一层自变量	知识能力		0.152***（0.029）
	创新能力		0.256*（0.106）
	沟通能力		0.231***（0.035）
第二层自变量	企业名望		0.162*（0.073）
	激励机制		0.025**（0.012）
	沟通特质		0.362**（0.008）
R^2		0.512	0.386

注：括号中为标准误差；* $p<0.05$；** $p<0.01$；*** $p<0.001$；R^2 表示分层线性模型的拟合优度。模型 M1：因变量为信息交流，自变量为截距和控制变量；模型 M2：因变量为信息交流，自变量为截距、控制变量和第一层自变量（顾客能力）和第二层自变量（企业特质）。

由表 4-23 中的模型 2（M2）可以看出，在个体层次，顾客能力对顾客参与的回归系数分别为 0.152（$p<0.001$）、0.256（$p<0.05$）和 0.231（$p<0.001$），表明顾客能力各维度与信息交流显著相关，并且顾客能力显著正向影响顾客参与，进一步验证了假设 H1a、H1d 和 H1g 成立；在组织层次，企业特质各维度对信息交流的回归系数为 0.162（$p<0.05$），0.025（$p<0.01$）和 0.362（$p<0.01$），表明企业特质与顾客参与显著相关，并且企业特质显著正向影响顾客参与，假设 H3a、H3d 和 H3g 成立。

表 4-24 合作行为的分层线性模型检验结果

因变量		合作行为	
自变量		模型 M1	模型 M2
截距		5.214*（0.151）	1.237**（0.030）
第一层控制变量	性别	0.234**（0.101）	1.237*（0.139）
	年龄	1.206**（0.173）	1.394（0.122）
	学历	0.882*（0.281）	1.271*（0.026）
第一层自变量	知识能力		0.390*（0.062）
	创新能力		0.563*（0.174）
	沟通能力		0.535*（0.035）
第二层自变量	企业名望		0.345***（0.051）
	激励机制		0.465**（0.155）
	沟通特质		0.501**（0.049）
R^2		0.471	0.626

注：括号中为标准误差；$*p<0.05$；$**p<0.01$；$***p<0.001$；R^2 表示分层线性模型的拟合优度。模型 M1：因变量为合作行为，自变量为截距和控制变量；模型 M2：因变量为合作行为，自变量为截距、控制变量和第一层自变量（顾客能力）和第二层自变量（企业特质）。

由表 4-24 中的模型 2（M2）可以看出，在个体层次，顾客能力各维度对顾客参与的回归系数为 0.390（$p<0.05$）、0.563（$p<0.05$）和 0.535（$p<0.05$），表明顾客能力与顾客参与显著相关，并且顾客能力显著正向影响顾客参与，进一步验证了假设 H1b、H1e 和 H1h 成立；在组织层次，企业特质各维度对顾客参与的回归系数为 0.345（$p<0.001$）、0.465（$p<0.01$）和 0.501（$p<0.01$），表明企业特质与顾客参与显著相关，并且企业特质显著正向影响顾客参与，假设 H3b、H3e 和 H3h 成立。

第4章 企业特质对共创价值的跨层次作用机制

表 4-25 人际交互的分层线性模型检验结果

因变量		人际交互	
自变量		模型 M1	模型 M2
截距		1.497**（0.200）	2.232**（0.276）
第一层控制变量	性别	0.385**（0.182）	0.634*（0.110）
	年龄	0.519（0.034）	0.426（0.141）
	学历	0.411（0.122）	0.446（0.106）
第一层自变量	知识能力		0.475**（0.080）
	创新能力		0.554*（0.201）
	沟通能力		0.409**（0.236）
第二层自变量	企业名望		0.311***（0.251）
	激励机制		0.429*（0.015）
	沟通特质		0.281*（0.207）
R^2		0.540	0.552

注：括号中为标准误差；$*p<0.05$；$**p<0.01$；$***p<0.001$；R^2 表示分层线性模型的拟合优度。模型 M1：因变量为人际交互，自变量为截距和控制变量；模型 M2：因变量为人际交互，自变量为截距、控制变量和第一层自变量（顾客能力）和第二层自变量（企业特质）。

由表 4-25 中的模型 2（M2）可以看出，在个体层次，顾客能力对顾客参与的回归系数为 0.475（$p<0.01$）、0.554（$p<0.05$）和 0.409（$p<0.01$），表明顾客能力各维度与顾客参与显著相关，并且顾客能力显著正向影响顾客参与，进一步验证了假设 H1c、H1f 和 H1i 成立；在组织层次，企业特质各维度对顾客参与的回归系数为 0.311（$p<0.001$）、0.429（$p<0.05$）和 0.281（$p<0.05$），表明企业特质与顾客参与显著相关，并且企业特质显著正向影响顾客参与，假设 H3c、H3f 和 H3i 成立。

4.4.4 顾客偏好的调节效应检验

4.4.4.1 顾客偏好对顾客能力影响顾客参与的调节效应检验

本书采用第3章中的逐层回归的分析方法讨论顾客偏好在顾客能力影响顾客参与过程中的调节效应。分别构建模型1（因变量为信息交流，自变量为常数项、顾客能力、顾客偏好和顾客能力 × 顾客偏好），模型2（因变量为合作行为，自变量为常数项、顾客能力、顾客偏好和顾客能力 × 顾客偏好）和模型3（因变量为人际交互，自变量为常数项、顾客能力、顾客偏好和顾客能力 × 顾客偏好）。如果顾客能力 × 顾客偏好交叉项的标准化系数通过了显著性检验，则表示顾客偏好对顾客能力影响顾客参与的调节效应显著。由表4-26可以看出，在0.05的显著性水平下顾客偏好对顾客能力影响顾客参与的调节效应显著，从而假设H4a～假设H4i均得到验证。

表4-26 顾客偏好对顾客能力影响顾客参与的调节效应检验

因变量	信息交流	合作行为	人际交互
自变量	模型1	模型2	模型3
常数项	0.629（0.024）	0.492*（0.044）	0.170*（0.074）
知识能力	0.470**（0.115）	0.239*（0.007）	0.461*（0.110）
创新能力	0.015*（0.106）	0.231*（0.071）	0.311***（0.065）
沟通能力	0.261**（0.119）	0.245**（0.022）	0.351**（0.016）
顾客偏好	0.272***（0.127）	0.149*（0.049）	0.121**（0.064）
知识能力 × 顾客偏好	0.295*（0.068）	0.079***（0.063）	0.247*（0.147）
创新能力 × 顾客偏好	0.393**（0.124）	0.426**（0.099）	0.438*（0.622）
沟通能力 × 顾客偏好	0.344**（0.086）	0.287***（0.045）	0.287***（0.043）

注：括号中为标准误差；* $p<0.05$；** $p<0.01$；*** $p<0.001$。

4.4.4.2 顾客偏好对企业特质影响顾客参与的调节效应检验

运用分层线性模型检验顾客偏好对企业特质影响顾客参与的调节效应,将企业特质和顾客能力作为自变量、顾客参与作为因变量进行 HLM 跨层次分析,分析结果如表 4-27~ 表 4-29 所示。

表 4-27 顾客偏好对企业特质影响信息交流的调节效应检验

因变量		信息交流		
自变量		模型 M1	模型 M2	模型 M3
截距		4.256***(0.018)	4.069***(0.058)	4.094***(0.026)
第一层控制变量	性别	0.025*(0.029)	0.059(0.037)	0.109**(0.025)
	年龄	0.129(0.037)	0.048***(0.014)	0.036(0.013)
	学历	0.059**(0.012)	0.027(0.036)	0.028(0.031)
第一层自变量	知识能力		0.152***(0.029)	0.029(0.064)
	创新能力		0.256*(0.106)	0.246**(0.042)
	沟通能力		0.231***(0.035)	0.096***(0.021)
第二层自变量	企业名望		0.162**(0.073)	0.053***(0.043)
	激励机制		0.025**(0.012)	0.151*(0.096)
	沟通特质		0.362**(0.008)	0.034*(0.009)
跨层次交互变量	企业名望 × 顾客偏好			0.032***(0.019)
	激励机制 × 顾客偏好			0.130*(0.104)
	沟通特质 × 顾客偏好			0.056*(0.017)
R^2		0.512	0.386	0.416

注:括号中为标准误差; * $p<0.05$; ** $p<0.01$; *** $p<0.001$; R^2 表示分层线性模型的拟合优度。模型 M1:因变量为信息交流,自变量为截距和控制变量;模型 M2:因变量为信息交流,自变量为截距、控制变量和第一层自变量(顾客能力)和第二层自变量(企业特质);模型 M3:因变量为信息交流,自变量为截距、控制变量、第一层自变量(顾客能力)、第二层自变量(企业特质)和跨层次交互变量(企业特质 × 顾客偏好)。

构建模型 M3 如表 4-27 所示（因变量为信息交流，自变量为常数项、企业特质、顾客偏好和企业特质 × 顾客偏好）。如果企业特质 × 顾客偏好交叉项的标准化系数通过了显著性检验，则表示顾客偏好对企业特质影响顾客参与的调节效应显著。企业特质各维度和顾客偏好交叉项的标准化系数分别为 0.032（$p<0.001$）、0.130（$p<0.05$）和 0.056（$p<0.05$），表明顾客偏好对企业特质影响信息交流的调节效应显著，假设 H5a、H5d 和 H5g 得到验证。

为了更加形象地表达顾客偏好对企业特质影响信息交流过程中的调节效应的影响模式，本书绘制了顾客偏好的调节效应图，如图 4-6~图 4-8 所示。根据被试顾客偏好取值分组，顾客偏好采用 3 个题项的 7 级李克特量表。数据统计结果表明，最高分为 7，最低分为 1，中位数为 4。以中位数为标准将样本划分为两组，大于 4 的样本组成高顾客偏好组，剩余为低顾客偏好组。从图 4-6~图 4-8 可见，企业名望、激励机制和沟通特质对高顾客偏好的信息交流影响比低顾客偏好的顾客更加明显。

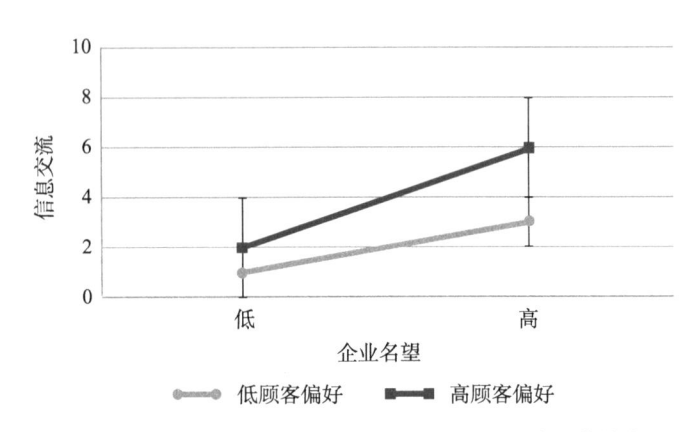

图 4-6　顾客偏好对企业名望与信息交流关系的调节效应

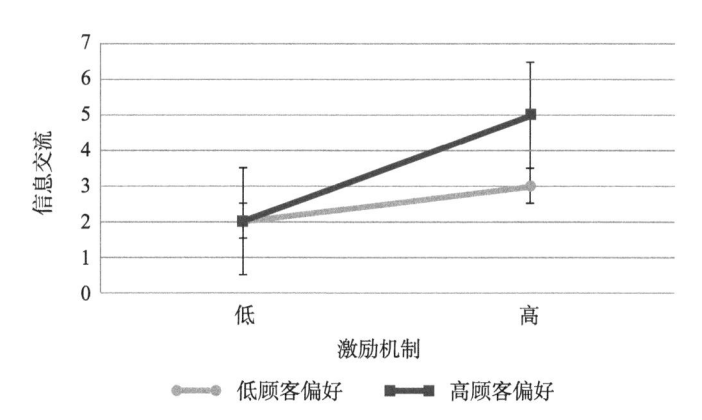

第4章 企业特质对共创价值的跨层次作用机制

图 4-7 顾客偏好对激励机制与信息交流关系的调节效应

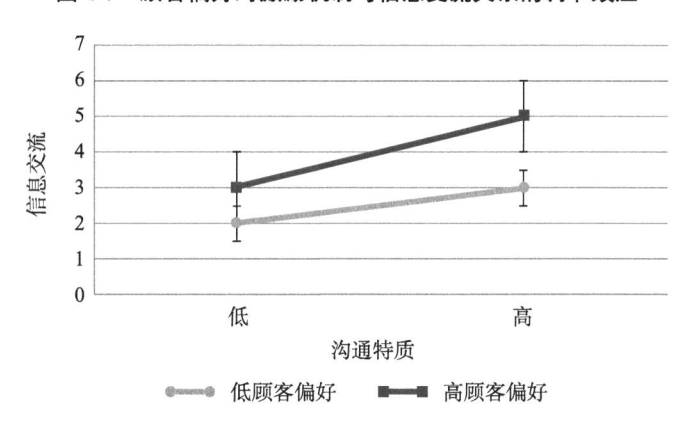

图 4-8 顾客偏好对沟通特质与信息交流关系的调节效应

表 4-28 顾客偏好对企业特质影响合作行为的调节效应检验

因变量		合作行为		
自变量		模型 M1	模型 M2	模型 M3
截距		5.214*（0.151）	1.237**（0.030）	5.082*（0.050）
第一层控制变量	性别	0.234**（0.101）	1.237*（0.139）	0.517***（0.048）
	年龄	1.206**（0.173）	1.394（0.122）	0.483*（0.059）
	学历	0.882*（0.281）	1.271*（0.026）	0.510**（0.034）
第一层自变量	知识能力		0.390*（0.062）	0.472*（0.042）
	创新能力		0.563*（0.174）	0.516*（0.002）
	沟通能力		0.535*（0.035）	0.453*（0.033）

续表

因变量		合作行为		
自变量		模型 M1	模型 M2	模型 M3
第二层自变量	企业名望		0.345***（0.051）	0.450***（0.046）
	激励机制		0.465**（0.155）	0.505**（0.044）
	沟通特质		0.501**（0.049）	0.466**（0.035）
跨层次交互变量	企业名望 × 顾客偏好			0.145***（0.020）
	激励机制 × 顾客偏好			0.362*（0.133）
	沟通特质 × 顾客偏好			0.239*（0.274）
R^2		0.471	0.626	0.501

注：括号中为标准误差；* $p<0.05$；** $p<0.01$；*** $p<0.001$；R^2 表示分层线性模型的拟合优度。模型 M1：因变量为合作行为，自变量为截距和控制变量；模型 M2：因变量为合作行为，自变量为截距、控制变量和第一层自变量（顾客能力）和第二层自变量（企业特质）；模型 M3：因变量为合作行为，自变量为截距、控制变量、第一层自变量（顾客能力）、第二层自变量（企业特质）和跨层次交互变量（企业特质 × 顾客偏好）。

构建模型 M3 如表 4-28 所示（因变量为合作行为，自变量为常数项、企业特质、顾客偏好和企业特质 × 顾客偏好）。如果企业特质 × 顾客偏好交叉项的标准化系数通过了显著性检验，则表示顾客偏好对企业特质影响合作行为的调节效应显著。企业特质各维度和顾客偏好交叉项的标准化系数分为 0.145（$p<0.001$）、0.362（$p<0.05$）和 0.239（$p<0.05$），表明顾客偏好对企业特质影响合作行为的调节效应显著，假设 H5b、H5e 和 H5h 得到验证。

为了更加形象地表达顾客偏好对顾客能力和合作行为关系的调节效应的影响模式，本书绘制了顾客偏好的调节效应图，如图 4-9～图 4-11 所示。根据被试顾客偏好取值分组，顾客偏好采用 3 个题项的 7 级李克特量表，数据统计结果表明，最高分为 7，最低分为 1，中位数为 4。以中位数为标准将样本划分为两组，大于 4 的样本组成高顾客偏好组，剩余为低顾客偏好组。从图 4-9～图 4-11 可见，企业名望、激励机制和沟通特质对高顾客偏好的合作行为影响比低顾客偏好的顾客更加明显。

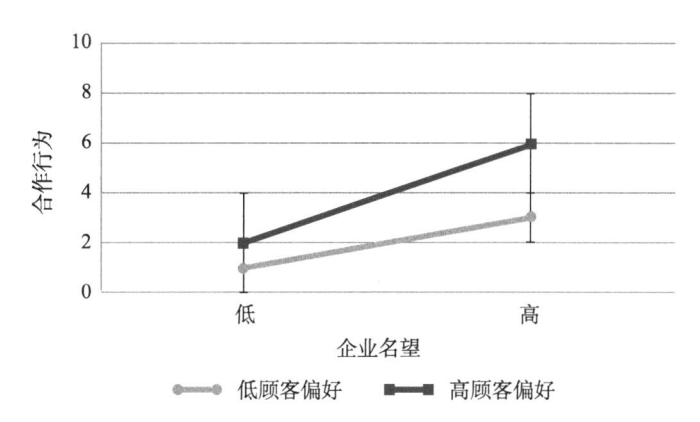

第 4 章　企业特质对共创价值的跨层次作用机制

图 4-9　顾客偏好对企业名望与合作行为关系的调节效应

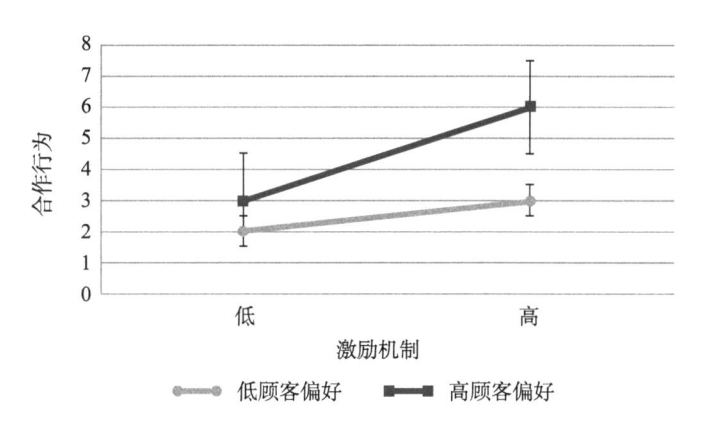

图 4-10　顾客偏好对激励机制与合作行为关系的调节效应

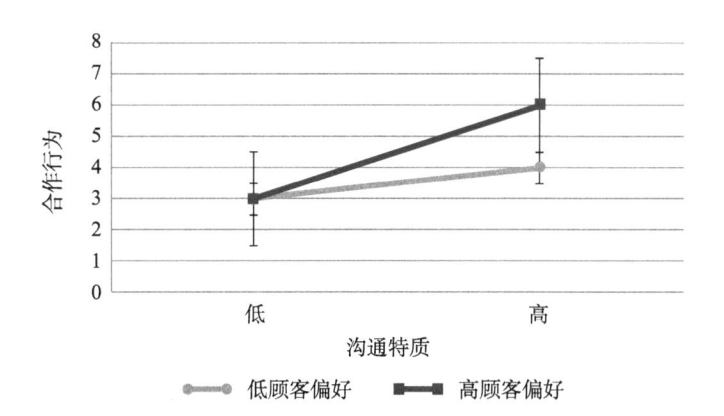

图 4-11　顾客偏好对沟通特质与合作行为关系的调节效应

表 4-29 顾客偏好对企业特质影响人际交互的调节效应检验

因变量		人际交互		
自变量		模型 M1	模型 M2	模型 M3
截距		1.497**（0.200）	2.232**（0.276）	2.228*（0.032）
第一层控制变量	性别	0.025*（0.029）	0.059（0.037）	0.048*（0.011）
	年龄	0.385**（0.182）	0.634*（0.110）	0.435**（0.052）
	学历	0.519（0.034）	0.426（0.141）	0.201*（0.043）
第一层自变量	知识能力		0.475**（0.080）	0.530**（0.036）
	创新能力		0.554*（0.201）	0.291*（0.014）
	沟通能力		0.409**（0.236）	0.037**（0.008）
第二层自变量	企业名望		0.311***（0.251）	0.255*（0.037）
	激励机制		0.429*（0.015）	0.203**（0.033）
	沟通特质		0.281*（0.207）	0.409*（0.207）
跨层次交互变量	企业名望 × 顾客偏好			0.243*（0.143）
	激励机制 × 顾客偏好			0.051*（0.029）
	沟通特质 × 顾客偏好			0.190***（0.012）
R^2		0.540	0.552	0.517

注：括号中为标准误差；* $p<0.05$；** $p<0.01$；*** $p<0.001$；R^2 表示分层线性模型的拟合优度。模型 M1：因变量为人际交互，自变量为截距和控制变量；模型 M2：因变量为人际交互，自变量为截距、控制变量和第一层自变量（顾客能力）和第二层自变量（企业特质）；模型 M3：因变量为人际交互，自变量为截距、控制变量、第一层自变量（顾客能力）、第二层自变量（企业特质）和跨层次交互变量（企业特质 × 顾客偏好）。

构建模型 M3 如表 4-29 所示（因变量为人际交互，自变量为常数项、企业特质、顾客偏好和企业特质 × 顾客偏好）。如果企业特质 × 顾客偏好交叉项的标准化系数通过了显著性检验，则表示顾客偏好对企业特质影响人际交互的调节效应显著。企业特质各维度和顾客偏好交叉项的标准化系数分别为 0.243（$p < 0.05$）、0.051（$p < 0.05$）和 0.190（$p < 0.001$），表明顾客偏好对企业特质影

第 4 章 企业特质对共创价值的跨层次作用机制

响人际交互的调节效应显著,并且具有促进作用,假设 H5c、H5f 和 H5i 得到验证。

为了更加形象地表达顾客偏好对顾客能力和人际交互关系的调节效应的影响模式,本书绘制了顾客偏好的调节效应图,如图 4-12~图 4.14 所示。根据被试顾客偏好取值分组,顾客偏好采用 3 个题项的 7 级李克特量表,数据统计结果表明,最高分为 7,最低分为 1,中位数为 4。以中位数为标准将样本划分为两组,大于 4 的样本组成高顾客偏好组,剩余为低顾客偏好组。从图 4-12~图 4-14 可见,企业名望、激励机制和沟通特质对高顾客偏好的人际交互影响比低顾客偏好的顾客更加明显。

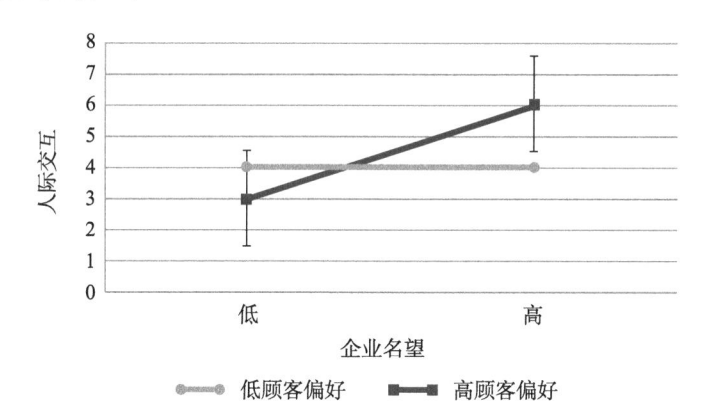

图 4-12 顾客偏好对企业名望与人际交互关系的调节效应

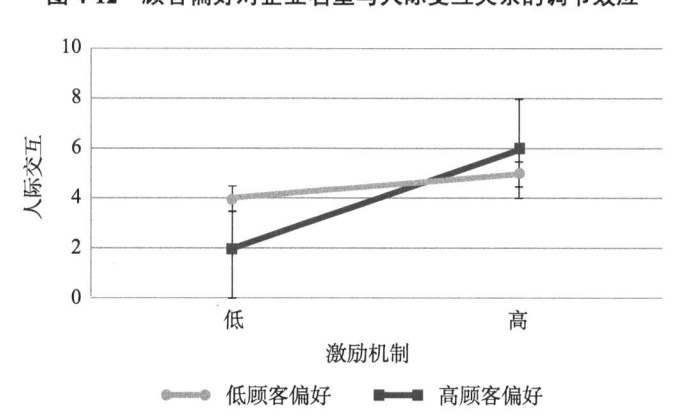

图 4-13 顾客偏好对激励机制与人际交互关系的调节效应

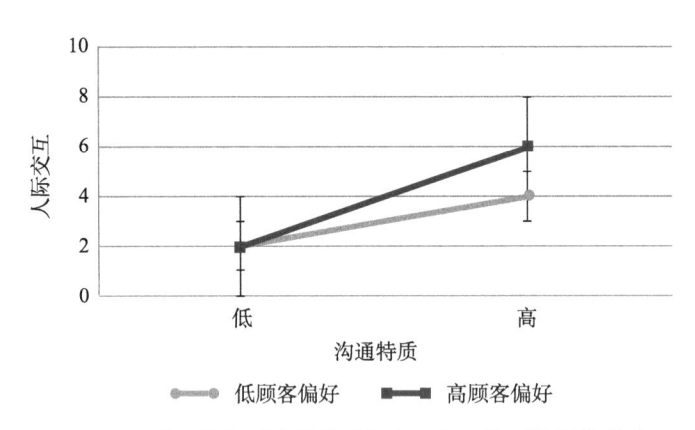

图 4-14 顾客偏好对沟通特质与人际交互关系的调节效应

4.4.5 服务氛围的跨层次调节效应检验

运用分层线性模型检验服务氛围对顾客参与影响共创价值的调节效应，将企业特质和顾客能力作为自变量、顾客参与作为因变量进行 HLM 跨层次分析，分析结果如表 4-30~ 表 4-32 所示。

表 4-30 服务氛围对顾客能力和企业特质影响信息交流的调节效应检验

因变量		信息交流		
自变量		模型 M1	模型 M2	模型 M3
截距		4.256***（0.018）	4.069***（0.058）	3.659*（0.028）
第一层控制变量	性别	0.025*（0.029）	0.059（0.037）	0.513*（0.068）
	年龄	0.129（0.037）	0.048***（0.014）	0.195**（0.064）
	学历	0.059**（0.012）	0.027（0.036）	0.024*（0.053）
第一层自变量	知识能力		0.152***（0.029）	0.409*（0.056）
	创新能力		0.256*（0.106）	0.327*（0.138）
	沟通能力		0.231***（0.035）	0.285**（0.119）

第4章 企业特质对共创价值的跨层次作用机制

续表

因变量		信息交流		
自变量		模型 M1	模型 M2	模型 M3
第二层自变量	企业名望		0.162**（0.073）	0.349**（0.041）
	激励机制		0.025**（0.012）	0.229**（0.067）
	沟通特质		0.362**（0.008）	0.336*（0.101）
跨层次交互变量	知识能力 × 服务氛围			0.301***（0.131）
	创新能力 × 服务氛围			0.064*（0.082）
	沟通能力 × 服务氛围			0.480**（0.081）
	企业名望 × 服务氛围			0.329***（0.062）
	激励机制 × 服务氛围			0.288***（0.094）
	沟通特质 × 服务氛围			0.360*（0.069）
	R^2	0.512	0.386	0.495

注：括号中为标准误差；* $p<0.05$；** $p<0.01$；*** $p<0.001$；R^2 表示分层线性模型的拟合优度。模型 M1：因变量为信息交流，自变量为截距和控制变量；模型 M2：因变量为信息交流，自变量为截距、控制变量和第一层自变量（顾客能力）和第二层自变量（企业特质）；模型 M3：因变量为信息交流，自变量为截距、控制变量、第一层自变量（顾客能力）、第二层自变量（企业特质）和跨层次交互变量（顾客能力 × 服务氛围和企业特质 × 服务氛围）。

由表4-30 中的模型 M3 [因变量为信息交流，自变量为截距、控制变量、第一层自变量（顾客能力）、第二层自变量（企业特质）和跨层次交互变量（顾客能力 × 服务氛围和企业特质 × 服务氛围）] 可以看出，顾客能力各维度与服务氛围的交互影响系数分别为 0.301（$p < 0.001$）、0.064（$p < 0.05$）和 0.480（$p < 0.01$），表明服务氛围在顾客能力影响顾客参与的过程中调节效应显著，假设 H6a、H6d 和 H6g 成立；企业特质各维度与服务氛围的交互影响系数为 0.329（$p < 0.001$）、0.288（$p < 0.001$）和 0.360（$p < 0.05$），表明服务氛围在企业特质影响顾客参与的过程中调节效应显著，假设 H7a、H7d 和 H7g 成立。

为了更加形象地表达服务氛围对顾客能力和企业特质影响信息交流过程中的调节效应的影响模式，本书绘制了服务氛围的调节效应图，如图 4-15~图 4-20 所示。根据服务氛围取值分组，服务氛围采用 5 个题项的 7 级李克特量表，数据统计结果表明，最高分为 7，最低分为 1，中位数为 4。以中位数为标准将样本划分为两组，大于 4 的样本组成高服务氛围组，剩余为低服务氛围组。从图 4-15~图 4-20 可见，高服务氛围组的顾客能力和企业特质对信息交流影响比低服务氛围组更加显著。

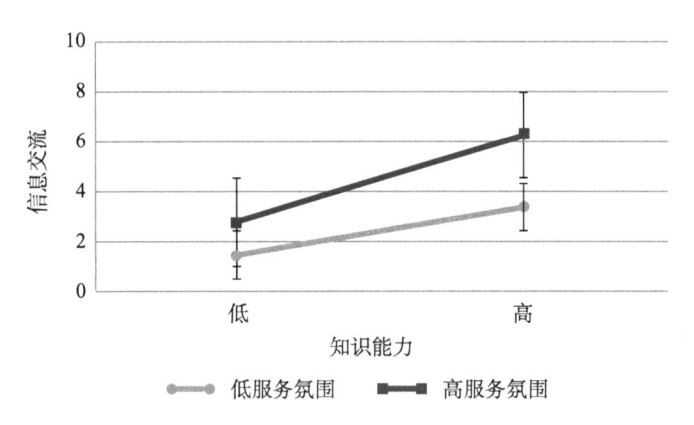

图 4-15 服务氛围对知识能力与信息交流关系的调节效应

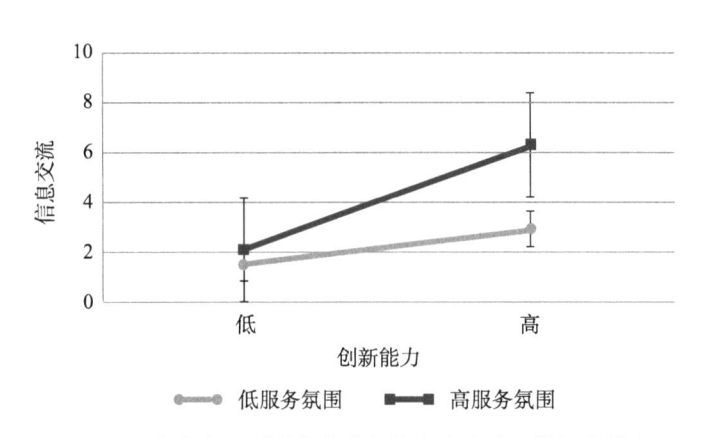

图 4-16 服务氛围对创新能力与信息交流关系的调节效应

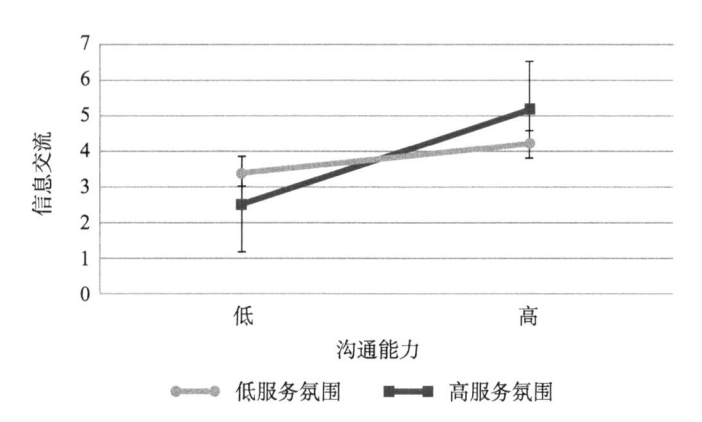

第 4 章　企业特质对共创价值的跨层次作用机制

图 4-17　服务氛围对沟通能力与信息交流关系的调节效应

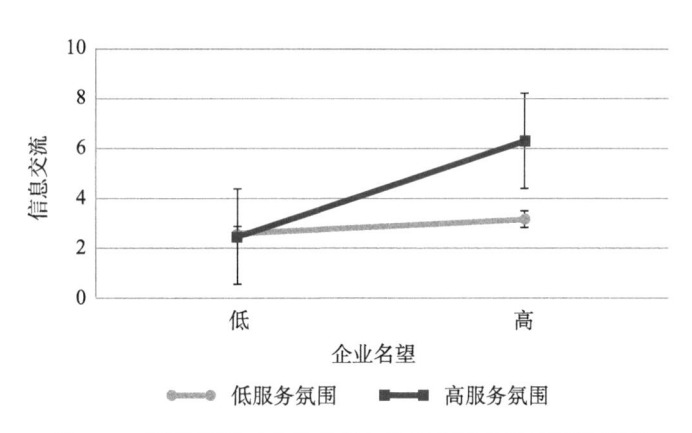

图 4-18　服务氛围对企业名望与信息交流关系的调节效应

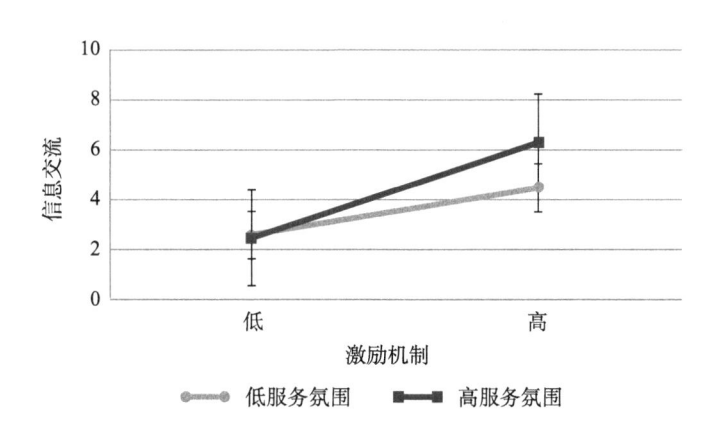

图 4-19　服务氛围对激励机制与信息交流关系的调节效应

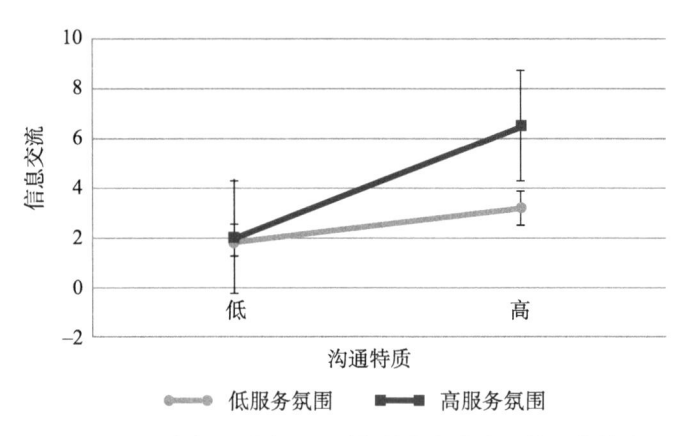

图 4-20 服务氛围对沟通特质与信息交流关系的调节效应

表 4-31 服务氛围对顾客能力和企业特质影响合作行为的调节效应检验

因变量		合作行为		
自变量		模型 M1	模型 M2	模型 M3
截距		5.214*（0.151）	1.237**（0.030）	2.835*（0.099）
第一层控制变量	性别	0.234**（0.101）	1.237*（0.139）	0.714（0.079）
	年龄	1.206**（0.173）	1.394（0.122）	0.369（0.117）
	学历	0.882*（0.281）	1.271*（0.026）	0.554*（0.103）
第一层自变量	知识能力		0.390*（0.062）	0.435*（0.095）
	创新能力		0.563*（0.174）	0.709*（0.077）
	沟通能力		0.535*（0.035）	0.446***（0.108）
第二层自变量	企业名望		0.345***（0.051）	0.354**（0.088）
	激励机制		0.465**（0.155）	0.471*（0.080）
	沟通特质		0.501**（0.049）	0.358*（0.082）
跨层次交互变量	知识能力 × 服务氛围			0.092*（0.097）
	创新能力 × 服务氛围			0.314*（0.073）
	沟通能力 × 服务氛围			0.263*（0.064）

第4章 企业特质对共创价值的跨层次作用机制

续表

因变量		合作行为		
自变量		模型 M1	模型 M2	模型 M3
跨层次交互变量	企业名望 × 服务氛围			0.176**（0.014）
	激励机制 × 服务氛围			0.324*（0.076）
	沟通特质 × 服务氛围			0.254**（0.081）
	R^2	0.471	0.626	0.495

注：括号中为标准误差；* $p<0.05$；** $p<0.01$；*** $p<0.001$；R^2 表示分层线性模型的拟合优度。模型 M1：因变量为合作行为，自变量为截距和控制变量；模型 M2：因变量为合作行为，自变量为截距、控制变量和第一层自变量（顾客能力）和第二层自变量（企业特质）；模型 M3：因变量为合作行为，自变量为截距、控制变量、第一层自变量（顾客能力）、第二层自变量（企业特质）和跨层次交互变量（顾客能力 × 服务氛围和企业特质 × 服务氛围）。

由表 4-31 中的模型 M3 [因变量为合作行为，自变量为截距、控制变量、第一层自变量（顾客能力）、第二层自变量（企业特质）和跨层次交互变量（顾客能力 × 服务氛围和企业特质 × 服务氛围）] 可以看出，顾客能力各维度与服务氛围的交互影响系数分别为 0.092（$p < 0.05$）、0.314（$p < 0.05$）和 0.263（$p < 0.05$），表明服务氛围在顾客能力影响顾客参与的过程中调节效应显著，假设 H6b、H6e 和 H6h 成立；企业特质各维度与服务氛围的交互影响系数分别为 0.176（$p < 0.01$）、0.324（$p < 0.05$）和 0.254（$p < 0.01$），表明服务氛围在企业特质影响顾客参与的过程中调节效应显著，假设 H7b、H7e 和 H7h 成立。

为了更加形象地表达服务氛围对顾客能力和企业特质影响合作行为过程中的调节效应的影响模式，本书绘制了服务氛围的调节效应图，如图 4-21~图 4-26 所示。根据服务氛围取值分组，服务氛围采用 5 个题项的 7 级李克特量表，数据统计结果表明，最高分为 7，最低分为 1，中位数为 4。以中位数为标准将样本划分为两组，大于 4 的样本组成高服务氛围组，剩余为低服务氛围组。从图 4-21~图 4-26 可见，高服务氛围组的顾客能力和企业特质对合作行为影响比低服务氛围组更加显著。

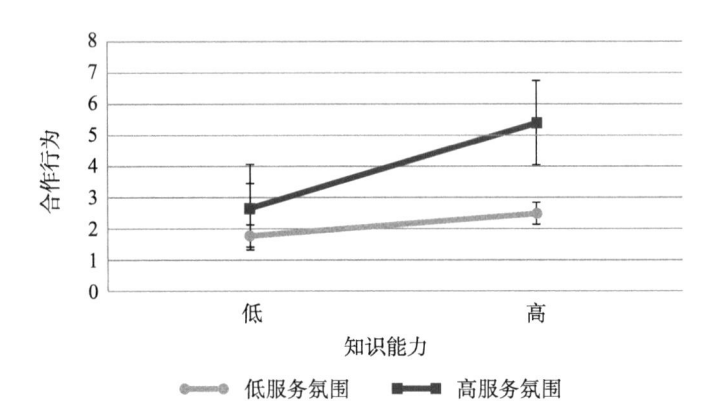

图 4-21　服务氛围对知识能力与合作行为关系的调节效应

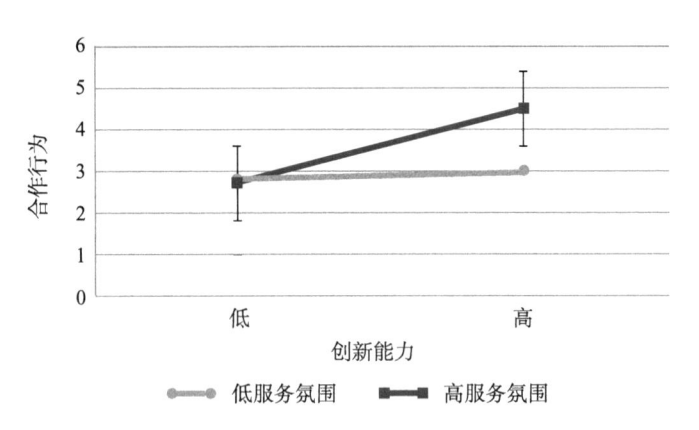

图 4-22　服务氛围对创新能力与合作行为关系的调节效应

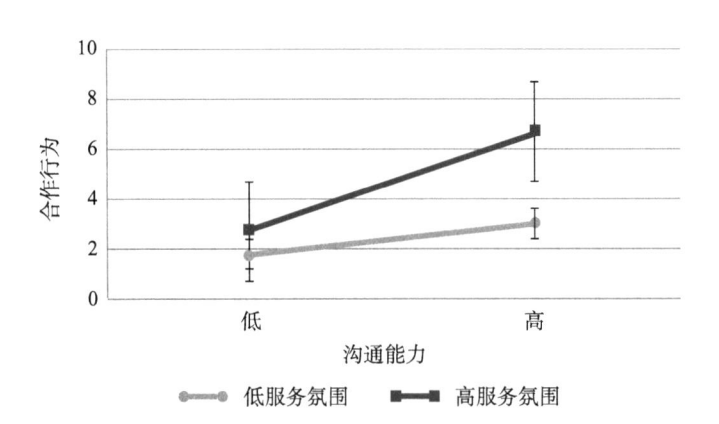

图 4-23　服务氛围对沟通能力与合作行为关系的调节效应

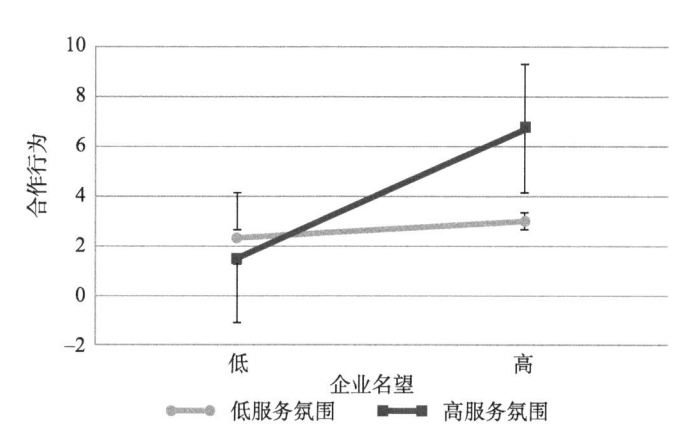

第 4 章　企业特质对共创价值的跨层次作用机制

图 4-24　服务氛围对企业名望与合作行为关系的调节效应

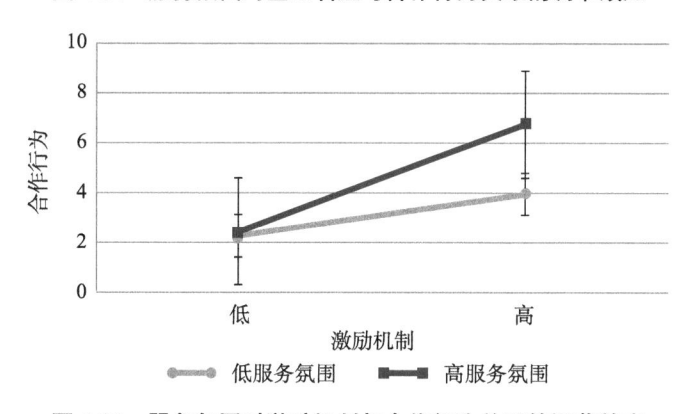

图 4-25　服务氛围对激励机制与合作行为关系的调节效应

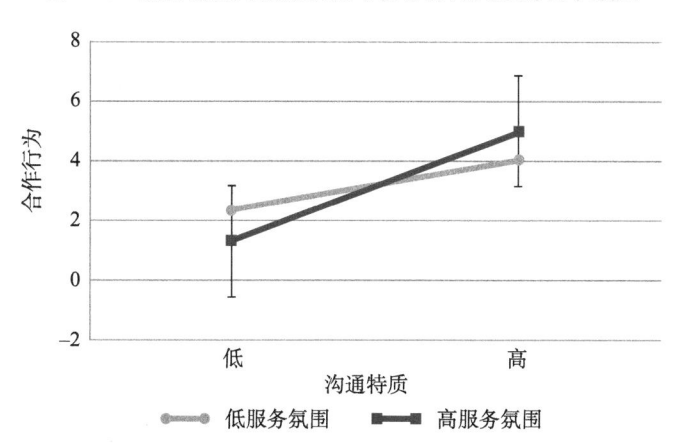

图 4-26　服务氛围对沟通特质与合作行为关系的调节效应

表 4-32　服务氛围对顾客能力和企业特质影响人际交互的调节效应检验

因变量		人际交互		
自变量		模型 M1	模型 M2	模型 M3
截距		1.497**（0.200）	2.232**（0.276）	1.637*（0.072）
第一层控制变量	性别	0.025*（0.029）	0.059（0.037）	0.348*（0.057）
	年龄	0.385**（0.182）	0.634*（0.110）	0.264（0.110）
	学历	0.519（0.034）	0.426（0.141）	0.255**（0.089）
第一层自变量	知识能力		0.475**（0.080）	0.125**（0.105）
	创新能力		0.554*（0.201）	0.211***（0.089）
	沟通能力		0.409**（0.236）	0.296*（0.065）
第二层自变量	企业名望		0.311***（0.251）	0.232*（0.157）
	激励机制		0.429*（0.015）	0.226*（0.109）
	沟通特质		0.281*（0.207）	0.279**（0.074）
跨层次交互变量	知识能力 × 服务氛围			0.149**（0.065）
	创新能力 × 服务氛围			0.135*（0.165）
	沟通能力 × 服务氛围			0.229**（0.089）
	企业名望 × 服务氛围			0.243*（0.124）
	激励机制 × 服务氛围			0.275***（0.088）
	沟通特质 × 服务氛围			0.108*（0.037）
R^2		0.540	0.552	0.495

注：括号中为标准误差；* $p<0.05$；** $p<0.01$；*** $p<0.001$；R^2 表示分层线性模型的拟合优度。模型 M1：因变量为人际交互，自变量为截距和控制变量；模型 M2：因变量为人际交互，自变量为截距、控制变量和第一层自变量（顾客能力）和第二层自变量（企业特质）；模型 M3：因变量为人际交互，自变量为截距、控制变量、第一层自变量（顾客能力）、第二层自变量（企业特质）和跨层次交互变量（顾客能力 × 服务氛围和企业特质 × 服务氛围）。

由表 4-32 中的模型 M3 [因变量为人际交互，自变量为截距、控制变量、第一层自变量（顾客能力）、第二层自变量（企业特质）和跨层次交互变量（顾

第4章 企业特质对共创价值的跨层次作用机制

客能力 × 服务氛围和企业特质 × 服务氛围）]可以看出，顾客能力各维度与服务氛围的交互影响系数分别为 0.149（$p<0.01$）、0.135（$p<0.05$）和 0.229（$p<0.01$），表明服务氛围在顾客能力影响顾客参与的过程中调节效应显著，假设 H6c、H6f 和 H6i 成立；企业特质各维度与服务氛围的交互影响系数分别为 0.243（$p<0.05$）、0.275（$p<0.001$）和 0.108（$p<0.05$），表明服务氛围在企业特质影响顾客参与的过程中调节效应显著，假设 H7c、H7f 和 H7i 成立。

为了更加形象地表达服务氛围对顾客能力和企业特质影响人际交互过程中的调节效应的影响模式，本书绘制了服务氛围的调节效应图，如图 4-27~图 4-32 所示。根据服务氛围取值分组，服务氛围采用 5 个题项的 7 级李克特量表，数据统计结果表明，最高分为 7，最低分为 1，中位数为 4。以中位数为标准将样本划分为两组，大于 4 的样本组成高服务氛围组，剩余为低服务氛围组。从图 4-27~图 4-32 可见，高服务氛围组的顾客能力和企业特质对人际交互影响比低服务氛围组更加显著。

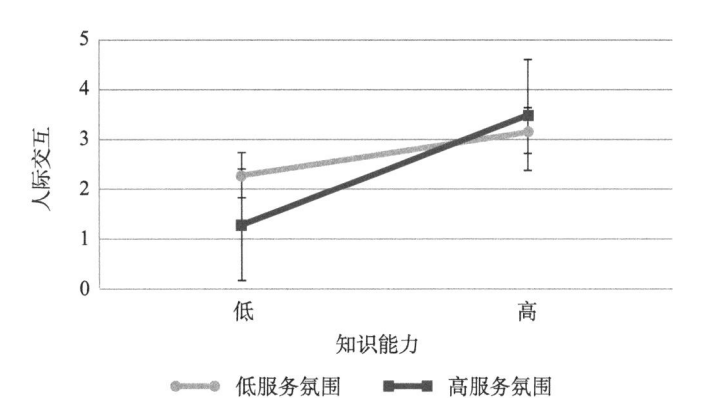

图 4-27 服务氛围对知识能力与人际交互关系的调节效应

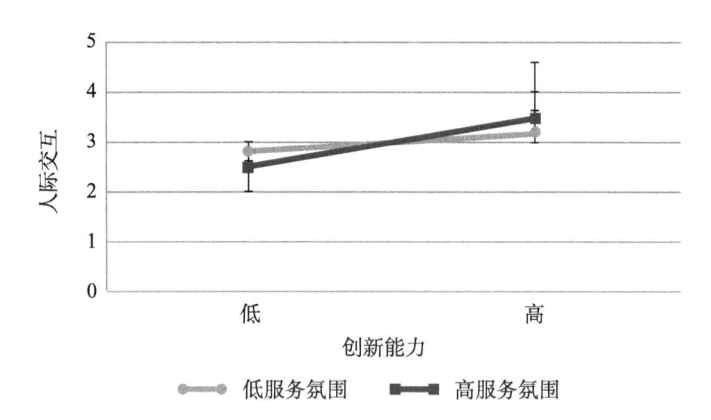

图 4-28　服务氛围对创新能力与人际交互关系的调节效应

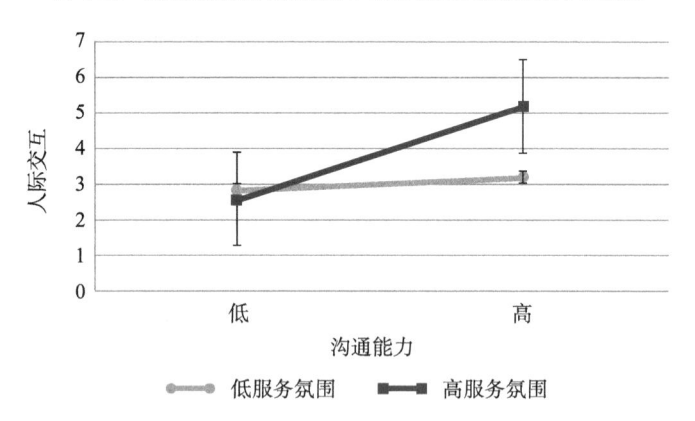

图 4-29　服务氛围对沟通能力与人际交互关系的调节效应

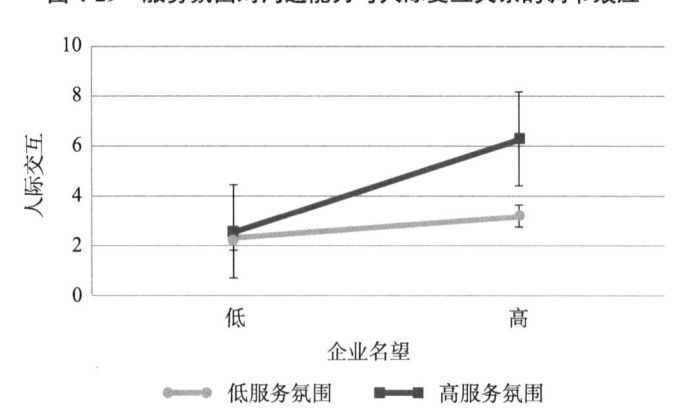

图 4-30　服务氛围对企业名望与人际交互关系的调节效应

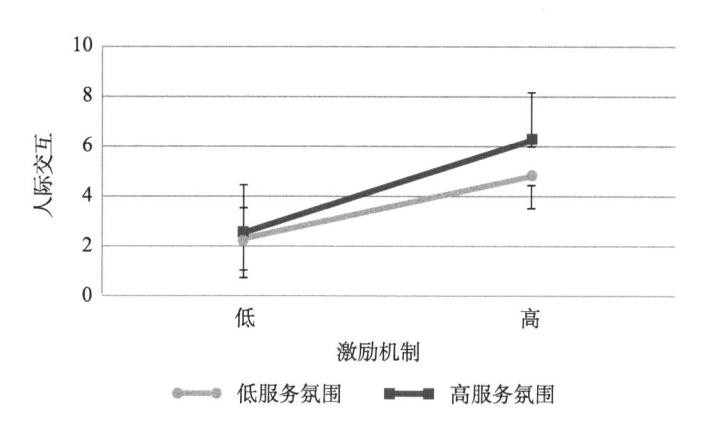

图 4-31 服务氛围对激励机制与人际交互关系的调节效应

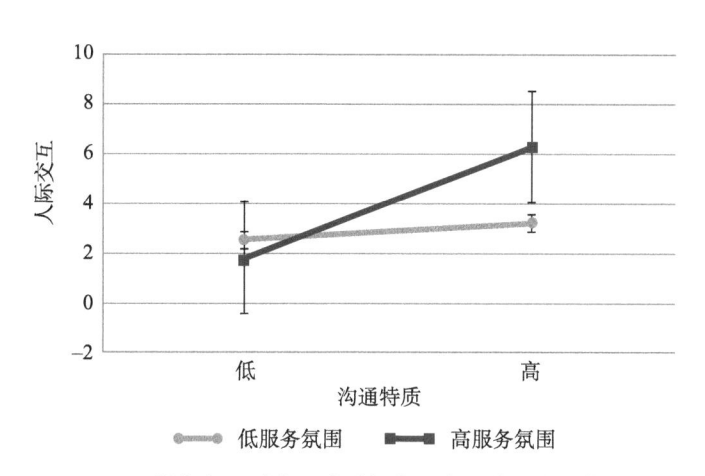

图 4-32 服务氛围对沟通特质与人际交互关系的调节效应

4.5 本章小结

本书从顾客能力和企业特质跨层次的视角，研究共创价值的形成机理。通过对 38 家服务企业，369 名服务企业中层经理、主管及企业员工和 1140 名顾客的问卷调查，运用结构方程模型和分层线性模型进行实证分析。结果表明，顾客能力和顾客参与显著相关，企业特质和顾客参与显著相关，顾客参与对共创价值具有促进作用，顾客参与对顾客信任具有促进作用，顾客信任对共创价值具有促进作用，顾客偏好和服务氛围在顾客能力和企业特质影响顾客参与的过程中调节效应显著，顾客信任在顾客参与影响共创价值的过程中起部分中介效应。

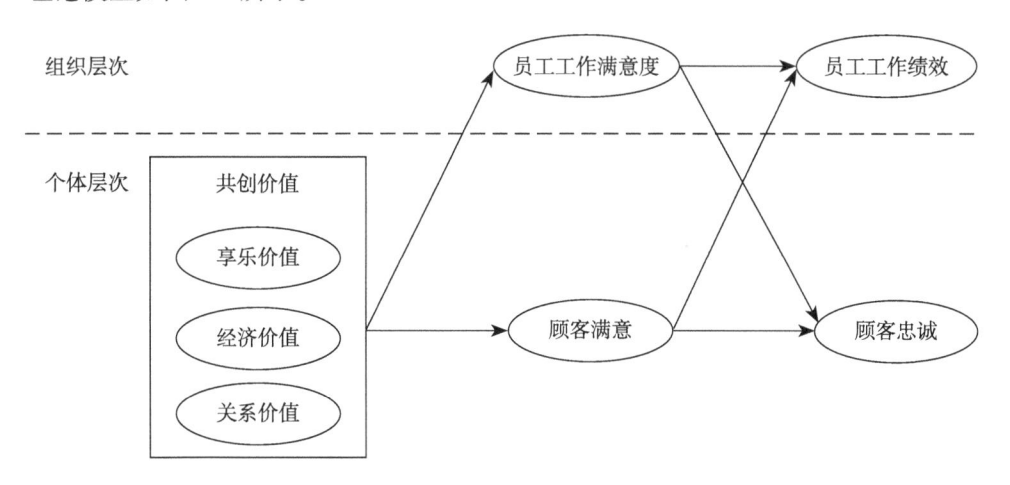

第5章 共创价值对顾客忠诚和员工工作绩效的影响

本书旨在探索共创价值是如何影响顾客满意和员工工作满意度,进而怎样作用于顾客忠诚和员工工作绩效的。首先,探讨共创价值对顾客满意的影响,以及顾客满意对顾客忠诚和员工工作绩效的作用;其次,探讨共创价值对员工工作满意度的影响,以及员工工作满意度对顾客忠诚和员工工作绩效的作用。理论模型如图 5-1 所示。

图 5-1 共创价值对顾客忠诚和员工工作绩效的影响

5.1 假设提出

5.1.1 共创价值、顾客满意与顾客忠诚

顾客满意是指一个人通过对一个产品的可感知效果与他的期望值相比较

后，所形成的愉悦或失望的感觉状态[150-153]。当商品的实际消费效果达到顾客的预期时，顾客满意；否则，会导致顾客不满意。顾客满意理论（Customer Satisfaction, CS）的产生是企业管理观念变迁的必然，从"产值中心论"到"销售中心论"，到"利润中心论"，到"市场中心论"，再到"顾客中心论"，然后进入"顾客满意中心论"阶段。本书认为，顾客满意反映顾客参与之前的预期和参与之后的消费感知服务性能之间的差异。在本书中，共创价值被分为享乐价值、经济价值和关系价值三个维度。

享乐价值体现了顾客与服务企业员工或与其他顾客交互过程中产生的体验和感觉，高享乐价值表现为顾客比较享受服务的过程，服务过程是令顾客非常愉快的。高享乐价值满足顾客对情感体验的追求，顾客参与服务的过程符合顾客的期望水平，从而提高了顾客满意。经济价值体现顾客与服务企业员工之间合作以创造更高质量的产品或者服务，高经济价值表现为在服务过程中顾客感知到优质的和个性化的服务，顾客在消费过程中感知到更好的服务质量。高经济价值满足了顾客对服务感知价值的追求，接受了高服务质量的顾客会增加对服务的正向评价，使顾客认为该服务符合自己的期望水平，从而提高顾客满意。关系价值主要体现在顾客的社会互动性上，高关系价值表现为顾客与服务企业员工可以更好地沟通，与服务企业建立良好的关系，顾客乐意分享在服务企业的消费体验。高关系价值也满足了顾客对情感需求的追求，顾客认为这种积极的消费体验过程符合其期望水平，从而提高了顾客满意。本书提出如下假设：

H1a：享乐价值对顾客满意具有正向的影响。

H1b：经济价值对顾客满意具有正向的影响。

H1c：关系价值对顾客满意具有正向的影响。

顾客忠诚指顾客购买行为的连续性，是顾客对企业产品或服务的依赖和认可、坚持长期购买和使用该企业产品或服务所表现出的在思想和情感上的一种高度信任和忠诚的程度，是顾客对企业产品在长期竞争中所表现出的优势的综合评价。在已有顾客忠诚的相关研究中已经广泛注意到顾客满意对顾客忠诚的积极影响[154-162]。埃米特（Amit）和佐特（Zott）以电子商务网站为例，研究得出有着愉悦购物体验的顾客比没有愉悦购物体验的顾客拥有更高的顾客忠诚度[154]。查克拉波蒂（Chakraborty）等人以医疗服务业研究为例，得出满意的客户更可能有更强的回购意图，并向他们的客户推荐产品或服务的结论[163]。因此，顾客满意对顾客忠诚具有正向的影响作用。本书提出如下假设：

H2：顾客满意对顾客忠诚具有正向的影响。

5.1.2　共创价值、员工工作满意度与员工工作绩效

员工工作满意度指员工通过比较实际获得的价值与期望获得的价值之间的差距后，对工作各方面满足与否的态度和情感反映[220-222]。库玛（Krmar）和萨阿（Shah）的研究表明，顾客在与服务企业员工发生互动的过程中，顾客情感会传递给服务企业员工，服务企业员工情感也会影响顾客[223]。由于共创价值产生于顾客和服务企业及员工的互动之中，不仅会对顾客满意产生积极的影响作用，还会对服务企业员工工作满意度产生积极的影响作用。本书将共创价值分为享乐价值、经济价值和关系价值三个维度。

高享乐价值的顾客具有积极的消费行为和情绪，并享受参与服务的过程。顾客这种积极的情感反应与服务企业员工的互动交流密切相关，根据社会互动理论，顾客会将这种情感传递给与顾客发生互动行为的服务企业员工，使服务企业员工享受为顾客服务的过程，并认为参与服务的过程符合自己的期望水平，从而有利于提升员工工作满意度。高经济价值的顾客会感知到自己获得了优质的服务，而顾客感知到的服务质量直接来源于服务企业员工。拥有高经济价值的顾客，由于感知到了更好的服务质量，会对服务企业员工表现出积极的消费情绪，并将这种情绪传递给服务企业员工。服务企业员工会表现出和顾客一样的积极情绪，并享受为顾客提供服务的过程，认为参与服务的过程符合自己的期望水平，从而有利于提升员工工作满意度。高关系价值的顾客可以与服务企

业员工更好地沟通，与服务企业建立良好的关系。关系价值是顾客与服务企业员工之间在互动过程中形成的情感和关系联系，高关系价值的顾客更加乐意将自己的消费体验分享给自己的朋友，服务企业员工会感知到自我价值的实现，也会收到来自顾客的赞美，这种正向的情感反馈会让服务企业员工很享受为顾客提供服务的过程，并认为参与服务的过程符合自己的期望水平，从而有利于提升员工工作满意度。本书提出如下假设：

H3a：享乐价值对员工工作满意度具有正向的影响。

H3b：经济价值对员工工作满意度具有正向的影响。

H3c：关系价值对员工工作满意度具有正向的影响。

奥兹图尔基安（Ozturkean）等人以医疗服务业为研究对象，探讨员工工作满意度与员工工作状态和绩效之间的关系，研究表明员工工作满意度水平会直接影响该员工的工作状态，进而会对员工工作绩效产生影响[224]。拥有较高员工工作满意度的服务企业员工，会更加积极努力地去工作，从而产生更高的工作绩效。本书提出如下假设：

H4：员工工作满意度对员工工作绩效具有正向的影响。

5.1.3 顾客满意与员工工作绩效

员工工作绩效指员工的工作结果对企业的目标达成具有效益、具有贡献的部分，在企业的管理中常被用在人力资源的研究评估中。对员工个人来说，则是对自己工作状况的评价。对服务企业员工而言，与顾客的关系是其人际关系的重要组成部分，与顾客的互动是员工工作内容的重点。顾客对产品或服务消费后，遇到不满意时，会向员工表达不满并提出投诉或意见，顾客会将这种消极的情感传递给服务企业中的服务员工，这种消极的情绪会抑制员工的工作积极性；当顾客对服务企业提供的服务感到满意时，会表现出积极的情感，顾客会将这种积极的情感传递给服务企业中的员工，这种积极的情感会促进员工的工作积极性[225]。坎丹普利和苏哈坦托以酒店服务业为研究对象，探讨顾客满意对服务企业服务要素的影响,研究发现顾客满意不仅对顾客忠诚产生积极的影响作用,同样会对服务企业中员工工作绩效产生积极的影响作用,顾客满意时会表现出一种积极的消费情感,便会积极地参与与服务企业之间的互动。拥有较高满意度的顾客,会比拥有低满意度的顾客表现出更加积极的情感,而这种积极的消费情感会促使顾客更加主动地与服务企业中的员工进行沟通[226]。在服务企业中,企业员工是直接与顾客进行互动的人员,当顾客拥有较高的顾客满意度时,表现出的积极情感会进一步促进员工的工作积极性,进而提高员工工作绩效。本书提出如下假设:

H5:顾客满意对员工工作绩效具有正向的影响。

5.1.4　员工工作满意度与顾客忠诚

员工工作满意度指员工通过比较实际获得的价值与期望获得的价值之间的差距后,对工作各方面满足与否的态度和情感反映[220-222]。顾客忠诚指顾客购买行为的连续性,是顾客对企业产品或服务的依赖和认可、坚持长期购买和使用该企业产品或服务所表现出的在思想和情感上的一种高度信任和忠诚的程度,是顾客对企业产品在长期竞争中所表现出的优势的综合评价[227]。兰(Lam)等人将员工服务质量作为影响顾客忠诚的重要因素,而员工工作满意度会显著影响员工工作质量,因而得出员工工作满意度是影响顾客忠诚的一个重要影响因素。洛夫曼(Loveman)以银行服务业为例,研究员工工作状态对顾客忠诚的影响,研究发现员工工作时表现出的积极情感有利于加强顾客对服务企业的依赖和增强顾客对服务企业的好感[228]。

服务企业中服务员工积极的情感,会促使顾客更加积极主动地与员工进行交流和沟通,进而诱发顾客积极的消费情感,才会让顾客更加愿意在此消费场所进行消费或者推荐他人来此消费[229]。如果一个顾客重视与服务员工的关系并希望该员工持续提供服务,那么顾客对该员工所在公司的忠诚度也会增强。另外,从归因理论视角来分析,顾客通常会将员工的服务表现归因为员工的工作状态,而员工工作状态往往会受到员工工作满意度的显著影响，所以员工的优质服务能够增加顾客忠诚。本书提出如下假设：

H6：员工工作满意度对顾客忠诚具有正向的影响。

5.2 研究设计与数据处理

5.2.1 变量测量

共创价值对顾客忠诚和员工工作绩效的作用路径主要包含共创价值、顾客满意、顾客忠诚、员工工作满意度和员工工作绩效。其中对共创价值的测量与第3和第4章相同。

（1）顾客满意。本书采用彼得森（Peterson）和威尔逊（Wilson）对顾客满意研究开发的量表对本书中的顾客满意进行测量[230]。其中，顾客满意包含"参与服务的过程是十分满意的""参与服务的过程符合自己的期望水平""企业服务质量是令人满意的"3个题项。

（2）顾客忠诚。本书采用哈洛韦尔（Hallowell）对顾客忠诚研究开发的量表对本书中的顾客忠诚进行测量[231]。其中，顾客忠诚包含"总的来说，我对这家企业的服务感到满意""我会推荐这家企业给别人""我会经常光顾这家店"3个题项。

（3）员工工作满意度。本书采用埃德曼斯（Edmans）对员工工作满意度研究开发的量表对本书中的员工工作满意度进行测量[232]。其中，员工工作满意度包含"我对企业提供给顾客的服务感到满意""这是一家不错的服务企业""在这家企业工作我很享受"3个题项。

（4）员工工作绩效。本书采用哈特（Harter）等人对员工工作绩效研究开发的量表对本书中的员工工作绩效进行测量[233]。其中，员工工作绩效包含"我能够很好地完成自己的工作""为顾客提供服务的过程是十分愉悦的""我能够与上级领导和顾客进行有效地沟通"3个题项。

第 5 章 共创价值对顾客忠诚和员工工作绩效的影响

根据各变量的测量方法，制作调查问卷，采用 7 级李克特量表，"1"代表非常不同意，"7"代表非常同意。每个变量的具体测量题项如表 5-1 所示。

表 5-1 共创价值对顾客忠诚和员工工作绩效影响的测量题项

变量	编码	测量问题	题项来源
享乐价值 EV	EV1	我很享受参与服务的过程	张等人[106]
	EV2	参与服务的过程是令人非常愉快的	
	EV3	参与服务的过程是十分有趣的	
经济价值 ECV	ECV1	在服务过程中可以得到更优质的服务	张等人[106]
	ECV2	在服务过程中可以得到更加个性化的服务	
	ECV3	在服务过程中可以得到更好的服务质量	
关系价值 RV	RV1	与服务企业建立更好的关系	张等人[106]
	RV2	可以与服务企业更好地沟通	
	RV3	可以与好朋友分享在服务企业的消费体验	
顾客满意 CS	CS1	参与服务的过程是十分满意的	彼得森和威尔逊[230]
	CS2	参与服务的过程符合自己的期望水平	
	CS3	企业服务质量是令人满意的	
顾客忠诚 CL	CL1	总的来说，我对这家企业的服务感到满意	哈洛韦尔[231]
	CL2	我会推荐这家企业给别人	
	CL3	我会经常光顾这家店	
员工工作满意度 ES	ES1	我对企业提供给顾客的服务感到满意	埃德曼斯[232]
	ES2	这是一家不错的服务企业	
	ES3	在这家企业工作我很享受	
员工工作绩效 EP	EP1	我能够很好地完成自己的工作	哈特等人[233]
	EP2	为顾客提供服务的过程是十分愉悦的	
	EP3	我能够与上级领导和顾客进行有效地沟通	

5.2.2 数据收集

本书针对餐饮企业进行调查，借鉴已有关于共创价值文献中的测量题项并加以修改和矫正制作问卷。为保证调查问卷的测量题项的有效性，在正式问卷调查开始之前，对问卷进行预测试，随机选取东北地区某城市中的20家餐饮企业中200名服务员工及接受员工服务的1000名顾客对问卷进行预测试（未包含在最后样本中）。

对预测试收集的数据分别进行探索性因子分析和信效度分析。探索性因子分析结果表明，初始问卷测量量表的公因子累计方差贡献率均在75%以上，达到了较高的水平。其中初始问卷测量题项的因子载荷均在0.5以上，表明调查问卷的结构效度良好。所有潜变量的Cronbach's α系数均超过了0.7的可接受水平，表明初始问卷的可信度较好。

在正式调研中，本书研究人员通过随机对沈阳地区60家餐饮企业进行调查，调查时间从2017年8月1日至2018年3月31日，共有600名服务企业员工填写员工工作满意度和员工工作绩效的调查问卷，接受员工服务的1800名顾客填写顾客满意和顾客忠诚的调查问卷。

由于问卷中存在着未完成的题项和由于被调查者随意填写问卷未满足问卷填写要求，删除无效问卷，最终获得49家有效企业、427份企业员工和接受员工服务的1218份顾客有效问卷，组织层次问卷有效率为71.2%，个体层次问卷有效率为67.7%，满足实证分析对数据的要求[205]。为了保证本书研究样本选取的代表性，在数据分析之前，先进行问卷样本的结构分析，具体样本特征如表5-2所示。

表5-2 样本统计特征

概况		统计学变量	频数	频率/%
消费者层次样本特征	性别	男	435	35.7
		女	783	64.3

第 5 章　共创价值对顾客忠诚和员工工作绩效的影响

续表

概况		统计学变量	频数	频率 /%
消费者层次样本特征	年龄	25 岁及以下	135	11.0
		26~35 岁	627	51.5
		36~50 岁	384	31.5
		51~60 岁	43	3.5
		60 岁以上	29	2.5
	学历	专科及以下	637	52.3
		本科	378	31.0
		硕士研究生	145	11.9
		博士研究生及以上	58	5.1
组织层次样本特征	企业性质	国有企业	10	20.4
		私营企业	39	79.6
	成立时间	5 年及以下	5	10.2
		6~10 年	36	73.5
		10 年以上	8	16.3
	公司规模	10 人及以下	0	0
		10~100 人	41	83.7
		100 人以上	8	16.3
员工层次样本特征	性别	男	148	34.7
		女	279	65.3
	年龄	25 岁及以下	92	21.5
		26~35 岁	137	32.1
		36~50 岁	130	30.4
		51~60 岁	63	14.7
		60 岁以上	5	1.3
	学历	专科及以下	137	32.1
		本科	215	50.4
		硕士研究生	45	10.5
		博士研究生及以上	30	7.0

结果表明，研究所选取的样本代表性较强，具体表现为性别结构男性比率为 35.7%，年龄分布 26~50 岁为主要消费群体，学历概况以本科学历及以下为主要学历背景，服务企业以私营企业为主，成立时间多在 10 年以下，公司规模大多在 10 人以上、100 人以下，实际情况相比，样本结构分析结果均较为合理。

5.2.3 信度和效度检验

5.2.3.1 共同方法变异检验

本书在数据收集的过程中采用自我报告的方法，尽管采用变换测量题项的作答方向、改变测量题项的顺序等方式进行控制，在一定程度上控制了共同方法变异（CMV），但本书数据收集发生在相同的时间段内，采用相同的调查工具，因此仍需要对共同方法变异进行检验。本书采用 Harman 单因素检验对共同方法变异问题进行统计控制，对问卷所有的测量题项进行最大方差提取法主成分分析，在未旋转时得到的第一主成分反映了共同方法变异的量。在本书中，按照上述操作得出第一主成分为 18.26%，不占大多数，表明第一主成分并未解释大部分的变量，即本书的共同方法变异可以接受。

5.2.3.2 量表的信度检验

量表的合理性主要指所设置的题项是否完整、全面，有效的量表在题项更新前后所得的测量结果应该有较高的相关性，否则，如果差异较大，则意味着所设置的题项可能并非对同一个对象的测量，题项可能无法达到预期的测量目的。信度分析是对量表的有效性进行研究，首先对各个题项作基本描述统计、计算各个题项的简单相关系数及删除一个题项后其他题项之间的相关系数，对信度进行初步分析。本书运用 SPSS 17.0 对量表的信度进行分析，其分析结果如表 5-3 所示。分析结果表明，测量题项的项目删除后 Cronbach's α 值均大于 0.9，处于较高的水平，说明测量题项具有很好的可靠性。

表 5-3 量表的信度分析

项目	项目删除后均值	项目删除后方差	项目与总体的相关系数	相关系数平方	项目删除后Cronbach's α 值
EV1	4.017	0.894	0.426	0.181	0.912
EV2	3.191	1.730	0.440	0.194	0.945
EV3	4.185	1.171	0.434	0.188	0.941
ECV1	4.199	1.395	0.748	0.560	0.922
ECV2	4.240	0.798	0.603	0.364	0.941
ECV3	4.469	1.630	0.822	0.676	0.949
RV1	3.364	1.859	0.611	0.373	0.922
RV2	4.024	1.670	0.523	0.274	0.953
RV3	3.640	1.284	0.555	0.308	0.950
CS1	3.406	1.737	0.633	0.401	0.958
CS2	3.719	2.153	0.514	0.264	0.932
CS3	4.126	1.924	0.222	0.049	0.924
CL1	4.642	0.979	0.587	0.345	0.922
CL2	3.757	2.564	0.626	0.392	0.928
CL3	3.176	1.543	0.691	0.477	0.944
ES1	3.562	1.951	0.463	0.214	0.928
ES2	4.056	1.714	0.817	0.667	0.921
ES3	3.444	1.955	0.461	0.213	0.935
EP1	3.745	0.900	0.246	0.061	0.939
EP2	3.527	2.020	0.445	0.198	0.931
EP3	3.826	0.999	0.495	0.245	0.931

在问卷设计的过程中，量表的测量题项虽然参考了文献中的成熟量表，但因为在研究的过程中根据具体的研究问题，对已有文献中的测量题项进行了修改，本节将对量表的信度和效度进行检验。运用 Amos 7.0 对问卷数据进行验证性因子分析，对最终的评价量表作信度检验来进一步了解其可靠性与有效

性，测量模型的主要拟合指标如下：卡方值为529.36，GFI=0.867，CFI=0.901，NFI=0.894，IFI=0.910，RMSEA=0.088，SRMR=0.073。根据拟合优度指数判断，本书的测量工具与数据拟合程度较好。Cronbach's α 系数用来检验问卷的信度，一般来讲，该系数越高，量表的内部一致性就越好。信度检验结果如表5-4所示，所有潜变量的Cronbach's α 值均大于0.7，其中最小值为0.843，最大值为0.921。此外，各潜变量的组合信度值（CR）也处在较高的水平，最小值为0.824，最大值为0.906，表明该测量量表具有较好的信度水平。

表 5-4 测量模型的验证性因子分析

变量	题项	因子载荷	T 值	Cronbach's α 值	CR 值	AVE 值
享乐价值 EV	EV1	0.841	15.525	0.882	0.862	0.551
	EV2	0.872	15.962			
	EV3	0.84	15.481			
经济价值 ECV	ECV1	0.877	14.984	0.843	0.824	0.582
	ECV2	0.885	15.651			
	ECV3	0.791	14.754			
关系价值 RV	RV1	0.895	16.381	0.867	0.870	0.563
	RV2	0.822	16.195			
	RV3	0.854	16.257			
顾客满意 CS	CS1	0.850	15.437	0.905	0.894	0.592
	CS2	0.825	14.968			
	CS3	0.864	15.025			
顾客忠诚 CL	CL1	0.891	15.960	0.921	0.906	0.524
	CL2	0.875	16.034			
	CL3	0.884	15.993			
员工工作满意度 ES	ES1	0.794	14.926	0.883	0.885	0.573
	ES2	0.853	15.015			
	ES3	0.831	14.871			

续表

变量	题项	因子载荷	T值	Cronbach's α 值	CR 值	AVE 值
员工工作绩效 EP	EP1	0.854	15.127	0.857	0.850	0.596
	EP2	0.865	14.930			
	EP3	0.861	14.891			

5.2.3.3 量表的效度检验

本书对量表的内容效度、收敛效度和区别效度进行分析。

（1）内容效度。本书旨在建立共创价值对顾客忠诚和员工工作绩效的影响的调查问卷量表，结合服务营销与管理学领域相关专家的意见和看法，对量表内容进行反复评估和修订。为了确保量表的内容效度，本书所设计的变量维度的题项，均来源于已有研究中的成熟量表。为了避免问卷题项语义偏差对问卷质量的影响，项目研究者对所有英文量表题项翻译和回译，将其翻译成中文，经 5 位管理学教授进行审阅和修订。然后，邀请 5 位博士研究生针对问卷题项进行了长达两小时的深入访谈，调整了问卷中部分易产生歧义和语义不通顺的题项，最终得到 21 个题项，作为正式调查问卷的依据，以保证本书的量表具备良好的内容效度。

（2）收敛效度。本书采用题项在其对应潜变量的标准化因子载荷和潜变量的平均方差提取量（AVE 值）作为评价量表收敛效度的指标。由表 5-5 分析可知，所有测量题项在其对应潜变量的标准化因子载荷均在 0.5 以上，且都在 0.05 的水平上显著。此外，各潜变量的 AVE 值都在 0.5 以上，表明各测量指标解释了潜变量的大部分方差，因此可以认为该量表具有较好的结构效度，能较好地反映共创价值对顾客忠诚和员工工作绩效的影响。

（3）区别效度。根据福内尔（Fornell）和拉克尔（Larcker）的建议，AVE 值的平方根应大于该潜变量与其他潜变量的相关系数[161]。如表 5-5 所示，对角线数值表示 AVE 值的算术平方根，享乐价值（EV）为 0.742，经济价值（ECV）为 0.763，关系价值（RV）为 0.750，顾客满意（CS）为 0.769，顾客忠诚（CL）

为0.724，员工工作满意度（ES）为0.757，员工工作绩效（EP）为0.772，均大于其所在列的所有数值，说明该问卷中各个潜变量之间的区别效度较好，每个潜变量之间存在着较为明显的差异。综上所述，该问题的测量量表拥有较高的量表效度。

表 5-5 区别效度的分析结果

变量名称	EV	ECV	RV	CS	CL	ES	EP
享乐价值（EV）	0.742	—	—	—	—	—	—
经济价值（ECV）	0.552	0.763	—	—	—	—	—
关系价值（RV）	0.437	0.537	0.750	—	—	—	—
顾客满意（CS）	0.546	0.595	0.617	0.769	—	—	—
顾客忠诚（CL）	0.615	0.596	0.695	0.335	0.724	—	—
员工工作满意度（ES）	0.604	0.541	0.524	0.467	0.464	0.757	—
员工工作绩效（EP）	0.467	0.625	0.534	0.495	0.535	0.514	0.772

注：对角线数值表示 AVE 值的算术平方根，其他数值表示每个潜变量之间的相关系数值。

5.3 假设检验

5.3.1 共创价值与员工工作满意度、顾客满意

本部分假设检验包含两部分内容：第一，检验共创价值对顾客满意的影响；第二，检验共创价值对员工工作满意度的跨层次作用效应。

5.3.1.1 共创价值与顾客满意

采用结构方程模型（Structural Equation Modeling，SEM）分析共创价值对服务企业中顾客满意的影响，应用 Amos 7.0 对样本数据进行分析。模型拟合结果如图 5-2 所示，并运用极大似然估计的方法来检验提出的模型与假设。经过

第 5 章 共创价值对顾客忠诚和员工工作绩效的影响

Bootstrap 的 5000 次抽样，分析结果具体如下：卡方值为 596.37，GFI=0.905，CFI=0.869，NFI=0.880，IFI=0.901，RMSEA=0.035。结果表明模型拟合结果较好，假设检验结果如表 5-6 所示。

$* p<0.05$；$** p<0.01$；$*** p<0.001$。

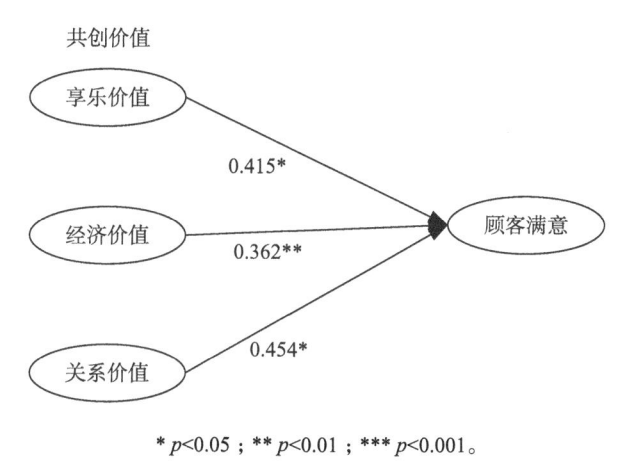

图 5-2　模型拟合结果

在 0.05 的显著性水平下，享乐价值显著影响顾客满意（0.415），享乐价值对顾客满意具有促进作用，假设 H1a 得到验证；在 0.01 的显著性水平下，经济价值显著影响顾客满意（0.362），经济价值对顾客满意具有促进作用，假设 H1b 得到验证；在 0.05 的显著性水平下，关系价值显著影响顾客满意（0.454），经济价值对顾客满意具有促进作用，假设 H1c 得到验证。

表 5-6　假设检验结果

假设	标准化系数	T 值	结论
H1a 享乐价值→顾客满意	0.415	4.25*	支持
H1b 经济价值→顾客满意	0.362	8.24**	支持
H1c 关系价值→顾客满意	0.454	4.58*	支持

注：$* p<0.05$；$** p<0.01$；$*** p<0.001$。

5.3.1.2 共创价值与员工工作满意度

采用分层线性模型（HLM）检验共创价值对员工工作绩效的跨层次作用效应。将个体层次的享乐价值、经济价值和关系价值作为自变量，组织层次的员工工作满意度作为因变量进行 HLM 跨层次分析。通过 Rwg、ICC（1）、ICC（2）指标的计算，检验个体层次的共创价值能否聚合为团体层次的变量。通过对样本数据的计算得出，共创价值的三个维度的组均值均可以聚合为团体层次的变量，其 Rwg 分别为 0.893、0.783 和 0.805，均大于 0.7；ICC（1）分别为 0.18、0.27 和 0.25，均大于 0.1；ICC（2）分别为 0.81、0.84 和 0.72，均大于 0.7；表明个体层次的共创价值可以聚合为团体层次的变量进行分析，分析结果如表 5-7 所示。

在 0.05 的显著性水平下，享乐价值显著影响员工工作满意度（0.48），享乐价值对员工工作满意度具有促进作用，假设 H3a 得到验证；在 0.01 的显著性水平下，经济价值显著影响员工工作满意度（0.42），经济价值对员工工作满意度具有促进作用，假设 H3b 得到验证；在 0.01 的显著性水平下，关系价值显著影响员工工作满意度（0.38），关系价值对员工工作满意度具有促进作用，假设 H3c 得到验证。

表 5-7　共创价值与员工工作满意度的分层线性模型检验结果

因变量		员工工作满意度	
自变量		模型 M1	模型 M2
截距		1.635***（0.020）	2.647***（0.019）
第一层控制变量	性别	0.124*（0.048）	0.024（0.0317）
	年龄	0.637（0.005）	0.042***（0.047）
	学历	0.265**（0.031）	0.089（0.015）
第一层自变量	享乐价值		0.48*（0.000）

续表

因变量		员工工作满意度	
自变量		模型 M1	模型 M2
第二层自变量	经济价值		0.42**（0.000）
	第三层自变量		
	关系价值		0.38**（0.000）
R^2		0.512	0.416

注：括号中为标准误差；* $p<0.05$；** $p<0.01$；*** $p<0.001$；R^2 表示分层线性模型的拟合优度。模型 M1：因变量为员工工作满意度，自变量为截距和控制变量；模型 M2：因变量为员工工作满意度，自变量为截距、控制变量和第一层自变量（享乐价值）、第二层自变量（经济价值）和第三层自变量（关系价值）。

5.3.2 员工工作满意度、顾客满意与员工工作绩效

采用分层线性模型（HLM）检验员工工作满意度和顾客满意影响员工工作绩效的跨层次作用效应。将个体层次的顾客满意和组织层次的员工工作满意度作为自变量，组织层次的员工工作绩效作为因变量进行 HLM 跨层次分析，通过 Rwg、ICC（1）、ICC（2）指标的计算，检验个体层次的顾客满意组均值能否聚合为团体层次的变量。本书通过对样本数据的计算得出，Rwg 为 0.893 大于 0.7，ICC（1）为 0.25 大于 0.1，ICC（2）为 0.810 大于 0.7，表明个体层次的顾客满意可以聚合为团体层次的顾客满意进行分析。分析结果如表 5-8 所示。

表 5-8 员工工作满意度、顾客满意与员工工作绩效的分层线性模型检验结果

因变量	员工工作绩效	
自变量	模型 M1	模型 M2
截距	2.369***（0.03）	2.698***（0.028）

续表

因变量		员工工作绩效	
自变量		模型 M1	模型 M2
第一层控制变量	性别	0.018*（0.037）	0.045（0.037）
	年龄	0.365（0.025）	0.047***（0.002）
	学历	0.048**（0.002）	0.145（0.027）
第一层自变量	顾客满意		0.36*（0.000）
第二层自变量	员工工作满意度		0.34***（0.000）
R^2		0.395	0.382

注：括号中为标准误差；* $p<0.05$；** $p<0.01$；*** $p<0.001$；R^2 表示分层线性模型的拟合优度。模型 M1：因变量为员工工作绩效，自变量为截距和控制变量；模型 M2：因变量为员工工作绩效，自变量为截距、控制变量和第一层自变量（顾客满意）和第二层自变量（员工工作满意度）。

在 0.001 的显著性水平下，员工工作满意度显著影响员工工作绩效（0.34），员工工作满意度对员工工作绩效具有促进作用，假设 H4 得到验证；在 0.05 的显著性水平下，顾客满意显著影响员工工作绩效（0.36），顾客满意对员工工作绩效具有促进作用，假设 H5 得到验证。

5.3.3 员工工作满意度、顾客满意与顾客忠诚

采用分层线性模型（HLM）检验员工工作满意度和顾客满意影响顾客忠诚的跨层次作用效应。将个体层次的顾客满意和组织层次的员工工作满意度作为自变量，个体层次的顾客忠诚作为因变量进行 HLM 跨层次分析，通过 Rwg、ICC（1）、ICC（2）指标的计算，检验个体层次的顾客忠诚组均值能否聚合为团体层次的变量。通过对样本数据的计算得出，Rwg 为 0.893 大于 0.7，ICC（1）为 0.25 大于 0.1，ICC（2）为 0.81 大于 0.7，表明个体层次的顾客忠诚可以聚合为团体层次的变量进行分析。分析结果如表 5-9 所示。

表 5-9　员工工作满意度、顾客满意与顾客忠诚的分层线性模型检验结果

因变量		顾客忠诚	
自变量		模型 M1	模型 M2
截距		4.258***（0.025）	3.687***（0.034）
第一层控制变量	性别	0.054*（0.046）	0.034（0.017）
	年龄	0.293（0.048）	0.058***（0.031）
	学历	0.134**（0.052）	0.618（0.629）
第一层自变量	顾客满意		0.36*（0.000）
第二层自变量	员工工作满意度		0.33*（0.000）
R^2		0.253	0.437

注：括号中为标准误差；* $p<0.05$；** $p<0.01$；*** $p<0.001$；R^2 表示分层线性模型的拟合优度。模型 M1：因变量为顾客忠诚，自变量为截距和控制变量；模型 M2：因变量为顾客忠诚，自变量为截距、控制变量和第一层自变量（顾客满意）和第二层自变量（员工工作满意度）。

在 0.05 的显著性水平下，顾客满意显著影响顾客忠诚（0.36），顾客满意对顾客忠诚具有促进作用，假设 H2 得到验证；在 0.05 的显著性水平下，员工工作满意度显著影响顾客忠诚（0.33），员工工作满意度对顾客忠诚具有促进作用，假设 H6 得到验证。

5.4　本章小结

本章旨在探索共创价值是如何影响顾客满意和员工工作满意度，进而怎样作用于顾客忠诚和员工工作绩效的。通过对 49 家服务企业、427 名企业员工和 1218 名顾客在接受餐饮服务过程中的问卷调查，运用结构方程模型和分层线性模型（HLM）进行实证分析。结果表明：共创价值正向影响顾客满意，并对顾客满意具有促进作用；顾客满意对顾客忠诚具有促进作用；享乐价值正向影响员工工作满意度，并对员工工作满意度具有促进作用；经济

价值正向影响员工工作满意度,并对员工工作满意度具有促进作用;关系价值正向影响员工工作满意度,并对员工工作满意度具有促进作用;员工工作满意度对员工工作绩效具有促进作用;顾客满意正向影响员工工作绩效,并对员工工作绩效具有促进作用;员工工作满意度正向影响顾客忠诚,并对顾客忠诚具有促进作用。

第 6 章　结论与展望

总结研究中的主要结论和主要贡献，指出本书的局限性，对未来的研究方向提出建议。

6.1　研究结论

近年来，随着经济的飞速发展和社会环境的不断变化，国民经济结构有了重大调整，服务经济的占比越来越大，经济的发展趋势逐渐被服务逻辑所主导。另外，服务业全球化的趋势加剧，服务企业面临的市场竞争日益激烈，这对企业灵活适应新的市场环境提出了更大的挑战。顾客已经不是传统的、等待被挖掘的资源，而是需要企业与顾客合作生产，充分利用顾客拥有的资源来一起创造价值；顾客越来越积极、活跃，他们参与到起初只有企业单独进行的生产过程中，在服务的生产消费中与企业展开不同程度的沟通与合作，他们给服务企业带来了更多的影响。这种变化表明企业与顾客的关系已经发生了重大变化，不再是传统的企业规模化生产产品，顾客被动地接受产品，而是企业与顾客可以进行信息交流、资源共享，从而创造出符合顾客独特需求的产品和服务。

价值创造是企业的使命和永恒的主题。在工业社会，价值创造发生在企业内部，其基础是企业的供应与顾客的需求相匹配。然而，当进入信息社会后，随着互联网的应用和信息技术的发展，传统的企业生产方式、销售方式逐渐过渡到企业与客户合作完成新产品的研发、生产和营销环节中，这种趋势正挑战着传统的企业管理理念。顾客在生产和消费活动中的角色正在发生深刻转变，他们已经成为企业构建竞争优势的新的能力来源。

共创价值是当前和未来一段时间内的研究前沿，美国营销科学学会等机构将其列为当前和未来的研究热点。其实对于共创价值的研究目前尚未成熟，主要集中在通过举例说明问题，主要阐述其价值内涵，对于共创价值行为及共创价值的形成机理等缺乏深入研究。当前，有关顾客参与价值共创的形成机理研究较少，但是国内外已有共创价值内涵概念等相关研究。本书主要完成了以下三方面的研究工作。

（1）本书从顾客能力的角度，研究共创价值的形成机理。通过对380名中国顾客的问卷调查，运用结构方程模型进行实证分析。结果表明，顾客能力和顾客参与显著相关，顾客参与对共创价值具有促进作用，顾客参与对顾客信任具有促进作用，顾客信任对共创价值具有促进作用，顾客偏好在顾客能力影响顾客参与的过程中调节效应显著，顾客信任在顾客参与影响共创价值的过程中起部分中介效应。

（2）共创价值已经成为服务企业创造价值、企业创新的理论依据，共创价值已被企业界和学术界普遍接受。本书从顾客能力和企业特质跨层次的视角，研究共创价值的形成机理。通过对38家服务企业、369名服务企业中层经理、主管及企业员工和1140名顾客的问卷调查，运用结构方程模型和分层线性模型进行实证分析。结果表明，顾客能力和顾客参与显著相关，企业特质和顾客参与显著相关，顾客参与对共创价值具有促进作用，顾客参与对顾客信任具有促进作用，顾客信任对共创价值具有促进作用，顾客偏好和服务氛围在顾客能力和企业特质影响顾客参与的过程中调节效应显著，顾客信任在顾客参与影响共创价值的过程中起部分中介效应。本书给出了共创价值的测量模型，讨论了共创价值的影响要素，为后续的研究奠定了理论基础。

（3）本书旨在探索共创价值是如何影响顾客满意和员工工作满意度，进而怎样作用于顾客忠诚和员工工作绩效水平的。通过对49家服务企业、427名企业员工和1218名顾客在接受餐饮服务过程中的问卷调查，运用结构方程模型和分层线性模型（HLM）进行实证分析。共创价值正向影响顾客满意，并对顾客满意具有促进作用；顾客满意对顾客忠诚具有促进作用；享乐价值正向影响员工工作满意度，并对员工工作满意度具有促进作用；经济价值正向影响员工工作满意度，并对员工工作满意度具有促进作用；关系价值正向影响员工工作满意度，并对员工工作满意度具有促进作用；员工工作满意度对员工工作绩效具有促进作用；顾客满意正向影响员工工作绩效，并对员工工作绩效具有促进作用；员工工作满意度正向影响顾客忠诚，并对顾客忠诚具有促进作用。

6.2 研究贡献

本书中三项具体研究内容虽然均以餐饮服务行业为研究背景，但研究结论在其他具体的服务企业中仍然具有一定的适用性。餐饮服务业作为服务企业的典型代表，具有与顾客高度的关联性。其他具有类似属性的服务企业，如酒店行业、理发行业，由于其行业属性与餐饮行业具有类似的属性，因此，本书结论仍具有一定的适用性。本书的主要贡献有如下四个方面。

（1）本书从顾客能力的角度分析共创价值的形成机理，并分析顾客偏好在顾客能力影响顾客参与过程中的调节作用，以及顾客信任在顾客参与影响共创价值过程中的中介作用，在一定程度上丰富和完善了共创价值的相关理论。文献研究表明，在已有研究中，相关学者局限于共创价值的相关概念界定及影响因素的探索上，对于共创价值的形成机理缺少深入的探讨与分析。

（2）本书从顾客能力和企业特质跨层次的角度，对共创价值的形成机理进行深入探讨与研究，可以弥补目前已有研究中单一从顾客能力角度进行研究的不足。共创价值是个体层次的顾客与组织层次的服务企业在相互交流与合作的过程之中产生的。已有文献中的研究主要从顾客能力单一的角度进行分析，本书从顾客能力和企业特质多角度对共创价值进行研究，不仅弥补了从单一层次研究共创价值的不足，还对共创价值的理论进行完善和补充。

（3）本书在探讨共创价值的形成机理时，考虑服务氛围跨层次对企业特质影响顾客参与的调节作用，以及考虑顾客偏好对企业特质影响共创价值的调节作用，研究结果进一步丰富了共创价值形成机理。对于从顾客能力和企业特质跨层次的角度，分析顾客能力和企业特质影响顾客参与，进而作用于共创价值的过程具有重要的理论意义。探讨跨层次之间的调节效应，丰富了共创价值的理论意义。

（4）本书对共创价值的效应进行了研究，弥补了共创价值理论的不足。已有的研究往往是将共创价值作为被解释变量（因变量或结果变量），本书进一步分析了共创价值结果对个体层次的顾客满意和对组织层次的员工工作满意度影响，从而填补了有关共创价值效应研究的理论空白，为后续的研究奠定了理论基础。

6.3 管理启示

本书成果对服务企业中管理实践者具有较为重要的指导意义。随着科技水平的提高，用户需求的个性化水平也在提高，对于提供服务的服务企业要求也越来越高。如何提供更加具有竞争力的产品或服务，如何吸引更多的顾客，并保留更多的忠诚顾客，进而提高企业的效益水平，提高服务企业的核心竞争力，成为服务企业越来越关注的一个问题。顾客能力和企业特质都对共创价值产生作用，本书通过揭示服务共创价值的形成机理及其效应，可以为服务企业的管理实践提供理论借鉴，有利于管理者加强对共创价值理论的认识，有助于管理者制定共创价值决策。本书的管理启示具体体现在以下四个方面。

6.3.1 服务企业应有效管理顾客参与

作为当代商业思维中最重要的转变之一，共创价值已经成为服务企业创造价值、企业创新的理论依据。企业不再是价值的唯一创造者，顾客在创造价值活动中扮演越来越重要的角色，服务企业和顾客都在不断地创新和参与价值创造活动。服务企业和顾客不是利益的冲突者，而是共创价值的共同参与者。在管理实践方面，服务企业管理者应辩证地看待顾客参与，一方面，顾客参与能够提高企业服务质量，进而提高企业绩效；另一方面，顾客参与也能对员工造成角色模糊和角色冲突，从而降低企业整体绩效。因而，对顾客参与的管理势在必行。服务企业应充分了解顾客需求，基于顾客不同的能力水平和多样化的顾客偏好，提供差异化的服务，以满足不同层次的顾客需求，进而积极引导顾客参与企业管理实践，最终促使共创价值的形成。

6.3.2 服务企业应有效引导顾客创造价值

服务企业应加强与顾客的互动，使顾客能够更大程度地参与到价值共创中。互动是顾客参与价值共创的基础，互动为企业和顾客提供了影响对方的空间和灵活性，因此，企业应提供实质性的互动平台，如网络、顾客反馈平台等。通过访问网站，顾客能够得到所需的信息和服务，有效解决顾客在产品使用过程中遇到的问题，也能够使顾客能力得到有效利用，进而促使顾客产生更多的共创价值。

服务企业应注重顾客知识的收集、扩散、使用、创新和保护等过程管理，顾客知识并非只是关于顾客的资料和数据，它还包括顾客与企业互动过程中形成的与企业紧密联系的经验、价值观及洞察力的组合。服务企业通过企业内部协调机制，促进企业知识资源存量的增加，促进企业将顾客知识具体化、产品化，进而促进顾客产生更多的共创价值。

服务企业管理者应对不同的服务顾客进行甄别，重点关注具有较低顾客能力并且顾客偏好程度较低的顾客，服务企业应给予低顾客能力群体更多的关怀，促进他们对服务企业的产品或者服务产生较大的偏好，引导他们积极参与消费行为，进而产生更多的共创价值。

服务企业应树立良好的企业形象，形成优秀的企业文化氛围。顾客群体具有丰富的资源，顾客能力的开发需要顾客群体作为基础，服务企业要想有效利用顾客能力，就必须有良好的顾客群体。服务企业与顾客的信任程度决定了双方关系的密切程度和合作水平，树立良好的企业形象，形成优秀的企业文化氛围，加强与顾客的沟通，以增进顾客的信任，进而产生更多的共创价值。

6.3.3 服务企业应营造良好的服务氛围

服务企业管理者应摒弃以企业为导向的传统管理理念，变成以顾客为导向的管理方式。服务企业管理者应努力营造良好的服务环境，提供人性化的服务，建立与顾客有效沟通的方式，通过优化服务氛围引导顾客进行消费。这样不仅可以让原本就具有高顾客能力的顾客产生较高的共创价值，还能够让顾客能力较低的顾客产生较好的共创价值。企业管理者通过改变服务环境和服务方式来调节服务企业对顾客满意的影响作用，让顾客更好地融入服务企业提供的消费氛围，从而产生更高的共创价值。同时，较高的共创价值也会带来更高的顾客满意和顾客忠诚。

6.3.4 服务企业应为员工提供良好的工作环境

共创价值会对服务企业员工造成积极或者消极的影响，企业员工的情感更多地体现在员工工作满意度和工作绩效上。服务企业应加强与企业员工的沟通，改善员工工作环境和薪酬待遇，提高员工的工作满意度，进而促使员工提升工作绩效，产生更多的共创价值，从而在产生更多的共创价值基础之上，带来更好的员工工作满意度和更高的员工工作绩效。

6.4 研究局限性与未来研究方向

虽然本书在探讨共创价值的形成机理和共创价值的效应研究中得出了比较

第6章 结论与展望

有意义的成果和结论，但仍存在一些研究中的不足和局限，在以下三方面仍有改进的空间。

第一，不同的群体特征可能具有不同的认知特点和风格，本书选取的餐饮服务业样本以东北地区为主，没有综合考虑其他用户群体的特征。在现有用户的基础之上，虽然取得了具有重要意义的研究成果，未来仍然要继续扩大样本空间，可以考虑调研不同地区餐饮服务业的用户，进一步检验本书中的结论是否依旧成立。

第二，本书中分别将顾客偏好和服务氛围作为顾客能力和企业特质影响顾客参与的调节变量，然而对研究样本的人口统计学数据对研究结果的影响未进行更加全面的分析。在未来的研究中，可以进一步将样本中的研究对象的社会经历、认知方式、性格、年龄等因素考虑进来，因为这些变量也可能会影响用户对共创价值的感知理解和认知加工方式。

第三，本书在考虑组织层次对共创价值的影响要素时，仅仅考虑了企业特质和服务氛围这两个变量。未来的研究可以尝试更多影响共创价值的组织层变量，以及进一步研究组织层次的变量与个体层次的变量是如何相互作用并对共创价值产生何种影响的。

参考文献

[1] FU W, WANG Q, ZHAO X. The influence of platform service innovation on value co-creation activities and the network effect[J]. Journal of Service Management, 2017, 28(2): 348-388.

[2] BALAJI M S, ROY S K. Value co creation with Internet of things technology in the retail industry[J]. Journal of Marketing Management, 2017, 33(1-2): 7-31.

[3] BUONINCONTRI P, MORVILLO A, OKUMUS F, et al.. Managing the experience co-creation process in tourism destinations: Empirical findings from Naples[J]. Tourism Management, 2017, 62: 264-277.

[4] RAMASWAMY V, OZCAN K. What is co-creation? An interactional creation framework and its implications for value creation[J]. Journal of Business Research, 2018, 84: 196-205.

[5] HOLLEBEEK L D, GLYNN M S, BRODIE R J. Consumer brand engagement in social media: Conceptualization, scale development and validation[J]. Journal of interactive marketing, 2014, 28(2): 149-165.

[6] GRÖNROOS C. Value co-creation in service logic: A critical analysis[J]. Marketing theory, 2011, 11(3): 279-301.

[7] ANKER T B, SPARKS L, MOUTINHO L, et al.. Consumer dominant value creation: A theoretical response to the recent call for a consumer dominant logic for marketing[J]. European Journal of Marketing, 2015, 49(3/4): 532-560.

[8] 张祥，陈荣秋. 竞争优势的新来源：与顾客共创价值[J]. 管理工程学报，2009(4)：14-19.

[9] BRUGMANN J, PRAHALAD C K. Cocreating business's new social compact[J]. Harvard business review, 2007, 85(2): 80-90, 156.

[10] 杨学成，陶晓波. 从实体价值链，价值矩阵到柔性价值网——以小米公司的社会化价值共创为例[J]. 管理评论，2015，27(7)：232-240.

[11] 彭艳君. 企业—顾客价值共创过程中顾客参与管理研究的理论框架 [J]. 中国流通经济, 2014, 28(8): 70-76.

[12] ZHANG M, ZHAO X, VOSS C, et al.. Innovating through services, co-creation and supplier integration: Cases from China[J]. International Journal of Production Economics, 2016, 171: 289-300.

[13] PRAHALAD C K, RAMASWAMY V. Co-creating unique value with customers[J]. Strategy & leadership, 2004, 32(3): 4-9.

[14] GRÖNROOS C, VOIMA P. Critical service logic: making sense of value creation and co-creation[J]. Journal of the academy of marketing science, 2013, 41(2): 133-150.

[15] AMIT R, ZOTT C. Value creation in e-business[J]. Strategic management journal, 2001, 22(6-7): 493-520.

[16] RAMASWAMY V, OZCAN K. What is co-creation? An interactional creation framework and its implications for value creation[J]. Journal of Business Research, 2018, 84: 196-205.

[17] EDVARDSSON B, TRONVOLL B, GRUBER T. Expanding understanding of service exchange and value co-creation: a social construction approach[J]. Journal of the Academy of Marketing Science, 2011, 39(2): 327-339.

[18] GRÖNROOS C, RAVALD A. Service as business logic: implications for value creation and marketing[J]. Journal of Service Management, 2011, 22(1): 5-22.

[19] 吴瑶, 肖静华, 谢康, 等. 从价值提供到价值共创的营销转型——企业与顾客协同演化视角的双案例研究 [J]. 管理世界, 2017(4): 138-157.

[20] VARGO S L, MAGLIO P P, AKAKA M A. On value and value co-creation: A service systems and service logic perspective[J]. European management journal, 2008, 26(3): 145-152.

[21] 杨学成, 涂科. 出行共享中的用户价值共创机理——基于优步的案例研究 [J]. 管理世界, 2017(8): 154-169.

[22] GRÖNROOS C. Value co-creation in service logic: A critical analysis[J]. Marketing theory, 2011, 11(3): 279-301.

[23] 王新新, 万文海. 消费领域共创价值的机理及对品牌忠诚的作用研究 [J]. 管理科学,

2012(5)：52-65.

[24] EDVARDSSON B, TRONVOLL B, GRUBER T. Expanding understanding of service exchange and value co-creation: a social construction approach[J]. Journal of the Academy of Marketing Science, 2011, 39(2): 327-339.

[25] PRAHALAD C K, RAMASWAMY V. Co-creation experiences: The next practice in value creation[J]. Journal of interactive marketing, 2004, 18(3): 5-14.

[26] PAYNE A F, STORBACKA K, FROW P. Managing the co-creation of value[J]. Journal of the Academy of marketing science, 2008, 36(1): 83-96.

[27] AARIKKA-STENROOS L, JAAKKOLA E. Value co-creation in knowledge intensive business services: A dyadic perspective on the joint problem solving process[J]. Industrial marketing management, 2012, 41(1): 15-26.

[28] NAMBISAN S, BARON R A. Virtual customer environments: testing a model of voluntary participation in value co - creation activities[J]. Journal of product innovation management, 2009, 26(4): 388-406.

[29] 武文珍，陈启杰. 价值共创理论形成路径探析与未来研究展望 [J]. 外国经济与管理，2012，34(6)：66-73.

[30] 钟振东，唐守廉. 基于服务主导逻辑的价值共创研究 [J]. 软科学，2014，28(1)：31-35.

[31] LAM S Y, SHANKAR V, ERRAMILLI M K,et al.. Customer value, satisfaction, loyalty, and switching costs: An illustration from a business-to-business service context[J]. Journal of the Academy of Marketing Science, 2004, 32(3): 293–311.

[32] JAAKKOLA E, ALEXANDER M. The role of customer engagement behavior in value co-creation: a service system perspective[J]. Journal of service research, 2014, 17(3): 247-261.

[33] GRÖNROOS C. Conceptualising value co-creation: A journey to the 1970s and back to the future[J]. Journal of Marketing Management, 2012, 28(13-14): 1520-1534.

[34] COVA B, DALLI D, ZWICK D. Critical perspectives on consumers' role as 'producers': Broadening the debate on value co-creation in marketing processes[J]. Marketing Theory, 2011, 11(3): 231-241.

[35] 管婷婷. 顾客能力对顾客参与价值共创的影响研究 [J]. 中国商贸，2015(1)：5-8.

[36] GUMMESSON E, MELE C. Marketing as value co-creation through network interaction and resource integration[J]. Journal of Business Market Management, 2010, 4(4): 181-198.

[37] PONGSAKORNRUNGSILP S, SCHROEDER J E. Understanding value co-creation in a co-consuming brand community[J]. Marketing Theory, 2011, 11(3): 303-324.

[38] SAARIJÄRVI H, KANNAN P K, KUUSELA H. Value co-creation: theoretical approaches and practical implications[J]. European Business Review, 2013, 25(1): 6-19.

[39] AQUILANI B, SILVESTRI C, IOPPOLO G, et al.. The challenging transition to bio-economies: Towards a new framework integrating corporate sustainability and value co-creation[J]. Journal of Cleaner Production, 2018, 172: 4001-4009.

[40] 王玖河，刘琳，王勇. 顾客参与价值共创影响因素研究——基于演化博弈的视角 [J]. 数学的实践与认识，2018，48(9)：60-69.

[41] NAMBISAN S, BARON R A. Virtual customer environments: testing a model of voluntary participation in value co - creation activities[J]. Journal of product innovation management, 2009, 26(4): 388-406.

[42] SPOHRER J, MAGLIO P P. The emergence of service science: Toward systematic service innovations to accelerate co - creation of value[J]. Production and operations management, 2008, 17(3): 238-246.

[43] SANDERS L, SIMONS G. A social vision for value co-creation in design[J]. Open Source Business Resource, 2009.

[44] LEE S M, OLSON D L, TRIMI S. Co-innovation: convergenomics, collaboration, and co-creation for organizational values[J]. Management Decision, 2012, 50(5): 817-831.

[45] SEE-TO E W K, HO K K W. Value co-creation and purchase intention in social network sites: The role of electronic Word-of-Mouth and trust–A theoretical analysis[J]. Computers in Human Behavior, 2014, 31: 182-189.

[46] 李朝辉，金永生，卜庆娟. 顾客参与虚拟品牌社区价值共创对品牌资产影响研究——品牌体验的中介作用 [J]. 营销科学学报，2014(4)：109-124.

[47] 王新新，潘洪涛. 社会网络环境下的体验价值共创：消费体验研究最新动态 [J]. 外国经济与管理，2011，33(5)：17-24.

[48] ROMERO D, MOLINA A. Collaborative networked organisations and customer communities: value co-creation and co-innovation in the networking era[J]. Production Planning & Control, 2011, 22(5-6): 447-472.

[49] ZHANG X, CHEN R. Examining the mechanism of the value co-creation with customers[J]. International Journal of Production Economics, 2008, 116(2): 242-250.

[50] YI Y, GONG T. Customer value co-creation behavior: Scale development and validation [J]. Journal of Business Research, 2013, 66(9): 1279–1284.

[51] LYNN M. The Effects of Tipping on Consumers' Satisfaction with Restaurants[J]. Journal of Consumer Affairs, 2018, 52(3).

[52] VEGA-VAZQUEZ M, ÁNGELES REVILLA-CAMACHO M, J COSSÍO-SILVA F. The value co-creation process as a determinant of customer satisfaction[J]. Management Decision, 2013, 51(10): 1945-1953.

[53] GRISSEMANN U S, STOKBURGER-SAUER N E. Customer co-creation of travel services: The role of company support and customer satisfaction with the co-creation performance[J]. Tourism Management, 2012, 33(6): 1483-1492.

[54] YI Y, GONG T. Customer value co-creation behavior: Scale development and validation[J]. Journal of Business Research, 2013, 66(9): 1279-1284.

[55] NAMBISAN S, BARON R A. Virtual customer environments: testing a model of voluntary participation in value co - creation activities[J]. Journal of product innovation management, 2009, 26(4): 388-406.

[56] AARIKKA-STENROOS L, JAAKKOLA E. Value co-creation in knowledge intensive business services: A dyadic perspective on the joint problem solving process[J]. Industrial marketing management, 2012, 41(1): 15-26.

[57] ROMERO D, MOLINA A. Collaborative networked organisations and customer communities: value co-creation and co-innovation in the networking era[J]. Production Planning & Control,

2011, 22(5-6): 447-472.

[58] 武文珍，陈启杰. 基于共创价值视角的顾客参与行为对其满意和行为意向的影响 [J]. 管理评论，2017，29(9)：167-180.

[59] 翟运开，乔超峰，孙东旭，等. 患者参与远程医疗服务价值共创动机因素分析 [J]. 中国医院管理，2018，38(2)：13-16.

[60] ZHANG X, CHEN R. Examining the mechanism of the value co-creation with customers[J]. International Journal of Production Economics, 2008, 116(2): 242-250.

[61] NAVARRO S, LLINARES C, GARZON D. Exploring the relationship between co-creation and satisfaction using QCA[J]. Journal of Business Research, 2016, 69(4): 1336-1339.

[62] DONG B, EVANS K R, ZOU S. The effects of customer participation in co-created service recovery[J]. Journal of the academy of marketing science, 2008, 36(1): 123-137.

[63] 王丽平，褚文倩. 领先优势状态，价值共创与用户创新绩效：心理授权的调节作用 [J]. 中国科技论坛，2018(3)：19-28.

[64] ECHEVERRI P, SKÅLÉN P. Co-creation and co-destruction: A practice-theory based study of interactive value formation[J]. Marketing theory, 2011, 11(3): 351-373.

[65] KALN Q S. Psychological implications of customer participation in co-production [J]. Journal of Marketing, 1990, 67(1): 14-28.

[66] KELLEY S W, DONNELLY J H, SKINNER S J. Customer participation in service production and delivery[J]. Journal of retailing, 1990, 66(3): 315.

[67] BENDAPUDI N, LEONE R P. Psychological implications of customer participation in co-production[J]. Journal of marketing, 2003, 67(1): 14-28.

[68] VAN DOORN K W, YIM C K, LAM S S. Is customer participation in value creation a double-edged sword? Evidence from professional financial services across cultures[J]. Journal of Marketing, 2010, 74(3): 48-64.

[69] GUMMERUS C F. Investigating structural relationships between service quality, perceived value, satisfaction, and behavioral intentions for air passengers: ev- idence from Taiwan[J]. Transportation Research Part A: Policy and Practice, 2012, 42(4): 709-717.

[70] HOLLEBEEK C F. Experience quality, perceived value, satisfaction and behavioral intentions for heritage tourists. Tourism Management, 2011, 31(1): 29-35.

[71] DONG B, EVANS K R, ZOU S. The effects of customer participation in co-created service recovery[J]. Journal of the academy of marketing science, 2008, 36(1): 123-137.

[72] FANG E. Customer participation and the trade-off between new product innovativeness and speed to market[J]. Journal of Marketing, 2008, 72(4): 90-104.

[73] KELLOGG B, BOWEN K R. The effects of customer participation in co- created service recovery[J]. Journal of the Academy of Marketing Science, 1997, 36(1): 123-137.

[74] HOLLAND J, BAKER S M. Customer participation in creating site brand loyalty[J]. Journal of interactive marketing, 2001, 15(4): 34-45.

[75] BETTENCOURT M. A descriptive model of the consumer co-production process[J]. Journal of the Academy of Marketing Science, 1997, 36(1): 97-108.

[76] FILE M, DAVEY J, MULLER L,et al.. Value-creating assets in tourism management: applying marketing's service-dominant logic in the hotel industry[J]. Tourism Management, 1992,36: 86-98.

[77] FÜLLER J, MATZLER K. Virtual product experience and customer participation—A chance for customer-centred, really new products[J]. Technovation, 2007, 27(6-7): 378-387.

[78] MUSTAK M, JAAKKOLA E, HALINEN A. Customer participation and value creation: a systematic review and research implications[J]. Managing Service Quality: An International Journal, 2013, 23(4): 341-359.

[79] PRAHALAD C K, RAMASWAMY V. Co-opting customer competence[J]. Harvard business review, 2000, 78(1): 79-90.

[80] 唐跃军，袁斌．顾客能力及顾客能力导向的竞争 [J]．经济科学，2003(4)：109-118.

[81] KÄRNÄ S, SORVALA V M, JUNNONEN J M. Classifying and clustering construction projects by customer satisfaction[J]. Facilities, 2009, 27(9/10): 387-398.

[82] BONNEMAIZON A, WIDED B. How competent are consumers? The case of the energy sector in France[J]. International Journal of Consumer Studies, 2011, 35(3): 348-358.

[83] 彭艳君, 管婷婷. 家装行业顾客能力对顾客参与价值共创的影响研究 [J]. 北京工业大学学报（社会科学版）, 2016(1) : 27-37.

[84] RANJAN K R, READ S. Value co-creation: concept and measurement[J]. Journal of the Academy of Marketing Science, 2016, 44(3): 290-315.

[85] PREBENSEN N K, VITTERSØ J, DAHL T I. Value co-creation significance of tourist resources[J]. Annals of Tourism Research, 2013, 42: 240-261.

[86] PAYNE A F, STORBACKA K, FROW P. Managing the Co-Creation of value[J]. Journal of the Academy of Marketing Science, 2008, 36(1): 83-96.

[87] ANDREU L, SÁNCHEZ I, MELE C. Value co-creation among retailers and consumers: New insights into the furniture market[J]. Journal of Retailing and Consumer Services, 2010, 17(4): 241-250.

[88] VEGA-VAZQUEZ M, ÁNGELES REVILLA-CAMACHO M, J COSSÍO-SILVA F. The value co-creation process as a determinant of customer satisfaction[J]. Management Decision, 2013, 51(10): 1945-1953.

[89] AARIKKA-STENROOS L, JAAKKOLA E. Value co-creation in knowledge intensive business services: A dyadic perspective on the joint problem solving process[J]. Industrial marketing management, 2012, 41(1): 15-26.

[90] PRAHALAD C K, RAMASWAMY V. Co-creation experiences: The next practice in value creation[J]. Journal of interactive marketing, 2004, 18(3): 5-14.

[91] XIE C, BAGOZZI R P, TROYE S V. Trying to prosume: toward a theory of consumers as co-creators of value[J]. Journal of the Academy of Marketing Science, 2008, 36(1): 109-122.

[92] PAYNE A F, STORBACKA K, FROW P. Managing the co-creation of value[J]. Journal of the Academy of marketing science, 2008, 36(1): 83-96.

[93] SAARIJÄRVI H, KANNAN P K, KUUSELA H. Value co-creation: theoretical approaches and practical implications[J]. European Business Review, 2013, 25(1): 6-19.

[94] YI Y, GONG T. Customer value co-creation behavior: Scale development and validation[J]. Journal of Business Research, 2013, 66(9): 1279-1284.

[95] GRÖNROOS C. Value co-creation in service logic: A critical analysis[J]. Marketing theory, 2011, 11(3): 279-301.

[96] ROMERO D, MOLINA A. Collaborative networked organisations and customer communities: value co-creation and co-innovation in the networking era[J]. Production Planning & Control, 2011, 22(5-6): 447-472.

[97] NAMBISAN S, BARON R A. Virtual customer environments: testing a model of voluntary participation in value co-creation activities[J]. Journal of product innovation management, 2009, 26(4): 388-406.

[98] SPOHRER J, MAGLIO P P. The emergence of service science: Toward systematic service innovations to accelerate co - creation of value[J]. Production and operations management, 2008, 17(3): 238-246.

[99] GRUEN T W, OSMONBEKOV T, CZAPLEWSKI A J. eWOM: The impact of customer-to-customer online know-how exchange on customer value and loyalty[J]. Journal of Business Research, 2006, 59(4): 449-456.

[100] RIHOVA I, BUHALIS D, MOITAL M, et al.. Social layers of customer-to-customer value co-creation[J]. Journal of Service Management, 2013, 24(5): 553-566.

[101] STORBACKA K, FROW P, NENONEN S, et al.. Designing business models for value co-creation[M]//Special Issue–Toward a Better Understanding of the Role of Value in Markets and Marketing. Emerald Group Publishing Limited, 2012: 51-78.

[102] RIHOVA I, BUHALIS D, MOITAL M, et al.. Conceptualising customer - to - customer value co—creation in tourism[J]. International Journal of Tourism Research, 2015, 17(4): 356-363.

[103] CHOO N, LIN X. Exploring the security of information sharing on social networking sites: the role of perceived control of information[J]. Journal of Business Ethics, 2000: 1-13.

[104] PINHO N, BEIRÃO G, PATRÍCIO L, et al.. Understanding value co-creation in complex services with many actors[J]. Journal of Service Management, 2014, 25(4): 470-493.

[105] OH L B, TEO H H. Consumer value co-creation in a hybrid commerce service-delivery system[J]. International Journal of Electronic Commerce, 2010, 14(3): 35-62.

[106] ZHANG M, GUO L, HU M, et al.. Influence of customer engagement with company social networks on stickiness: Mediating effect of customer value creation[J]. International Journal of Information Management, 2017, 37(3): 229-240.

[107] SAARIJÄRVI H. The mechanisms of value co-creation[J]. Journal of Strategic Marketing, 2012, 20(5): 381-391.

[108] RAMASWAMY V. Leading the transformation to co-creation of value[J]. Strategy & Leadership, 2009, 37(2): 32-37.

[109] HOLLEBEEK L D. The customer engagement/value interface: an exploratory investigation[J]. Australasian Marketing Journal (AMJ), 2013, 21(1): 17-24.

[110] LAMBERT D M, ENZ M G. Managing and measuring value co-creation in business-to-business relationships[J]. Journal of Marketing Management, 2012, 28(13-14): 1588-1625.

[111] SANDERS E B N, STAPPERS P J. Co-creation and the new landscapes of design[J]. Co-design, 2008, 4(1): 5-18.

[112] JAAKKOLA E, ALEXANDER M. The role of customer engagement behavior in value Co-Creation a service system perspective[J]. Journal of Service Research, 2014, 17(3): 247-261.

[113] 孙永波，丁沂昕，王勇. 价值共创互动行为对品牌权益的作用研究 [J]. 外国经济与管理，2018，40(4)：125-139.

[114] 宋谦，高雪姣. 基于价值共创的顾客关系研究 [J]. 沈阳工业大学学报（社会科学版），2018，11(4)：328-333.

[115] RAMASWAMY V. Co-creating value through customers' experiences: the Nike case[J]. Strategy & leadership, 2008, 36(5): 9-14.

[116] FORSSTRÖM B. Value co-creation in industrial buyer-seller partnerships-creating and exploiting interdependencies: an empirical case study[J]. liiketaloustiede, 2005.

[117] LEHRER M, ORDANINI A, DEFILLIPPI R, et al.. Challenging the orthodoxy of value co-creation theory: A contingent view of co-production in design-intensive business services[J]. European Management Journal, 2012, 30(6): 499-509.

[118] LEE S M, OLSON D L, TRIMI S. Co-innovation: convergenomics, collaboration, and co-

creation for organizational values[J]. Management Decision, 2012, 50(5): 817-831.

[119] ALVES H, FERNANDES C, RAPOSO M. Value co-creation: Concept and contexts of application and study[J]. Journal of Business Research, 2016, 69(5): 1626-1633.

[120] COSSÍO-SILVA F J, REVILLA-CAMACHO M Á, VEGA-VÁZQUEZ M, et al.. Value co-creation and customer loyalty[J]. Journal of Business Research, 2016, 69(5): 1621-1625.

[121] HUMPHREYS A, GRAYSON K. The intersecting roles of consumer and producer: A critical perspective on co-production, co - creation and prosumption[J]. Sociology Compass, 2008, 2(3): 963-980.

[122] DESAI D. Role of relationship management and value co-creation in social marketing[J]. Social Marketing Quarterly, 2009, 15(4): 112-125.

[123] CHANG A, CHIH Y Y, CHEW E, et al.. Reconceptualising mega project success in Australian Defence: Recognising the importance of value co-creation[J]. International Journal of Project Management, 2013, 31(8): 1139-1153.

[124] NAVARRO S, ANDREU L, CERVERA A. Value co-creation among hotels and disabled customers: An exploratory study[J]. Journal of Business Research, 2014, 67(5): 813-818.

[125] ASSAEL H. Consumer behavior and marketing action[M]. Kent Pub. Co., 1984.

[126] SOLOMON M R, DAHL D W, WHITE K, et al.. Consumer behavior: Buying, having, and being[M]. London: Pearson, 2014.

[127] SIRGY M J. Self-concept in consumer behavior: A critical review[J]. Journal of consumer research, 1982, 9(3): 287-300.

[128] 王新新，万文海. 消费领域共创价值的机理及对品牌忠诚的作用研究 [J]. 管理科学，2012：10.

[129] HOWARD J A. Consumer behavior: Application of theory[M]. New York : McGraw-Hill Companies, 1977.

[130] KOUFARIS M. Applying the technology acceptance model and flow theory to online consumer behavior[J]. Information systems research, 2002, 13(2): 205-223.

[131] GRUBB E L, GRATHWOHL H L. Consumer self-concept, symbolism and market behavior:

A theoretical approach[J]. The Journal of Marketing, 1967: 22-27.

[132] BECKER-OLSEN K L, CUDMORE B A, HILL R P. The impact of perceived corporate social responsibility on consumer behavior[J]. Journal of business research, 2006, 59(1): 46-53.

[133] VINSON D E, SCOTT J E, LAMONT L M. The role of personal values in marketing and consumer behavior[J]. The Journal of Marketing, 1977: 44-50.

[134] HAVLENA W J, HOLBROOK M B. The varieties of consumption experience: comparing two typologies of emotion in consumer behavior[J]. Journal of consumer research, 1986, 13(3): 394-404.

[135] SHERMAN E, MATHUR A, SMITH R B. Store environment and consumer purchase behavior: mediating role of consumer emotions[J]. Psychology & Marketing, 1997, 14(4): 361-378.

[136] BARGH J A. Losing consciousness: Automatic influences on consumer judgment, behavior, and motivation[J]. Journal of consumer research, 2002, 29(2): 280-285.

[137] DWAYNE BALL A, TASAKI L H. The role and measurement of attachment in consumer behavior[J]. Journal of consumer psychology, 1992, 1(2): 155-172.

[138] ZHANG J, HE Y. Key dimensions of brand value co-creation and its impacts upon customer perception and brand performance: An empirical research in the context of industrial service[J]. Nankai Business Review International, 2014, 5(1): 43-69.

[139] ZHANG J, HE Y. Key dimensions of brand value co-creation and its impacts upon customer perception and brand performance: An empirical research in the context of industrial service[J]. Nankai Business Review International, 2014, 5(1): 43-69.

[140] NÄTTI S, PEKKARINEN S, HARTIKKA A, et al.. The intermediator role in value co-creation within a triadic business service relationship[J]. Industrial Marketing Management, 2014, 43(6): 977-984.

[141] UHRICH S. Exploring customer-to-customer value co-creation platforms and practices in team sports[J]. European Sport Management Quarterly, 2014, 14(1): 25-49.

[142] ANKER T B, SPARKS L, MOUTINHO L, et al.. Consumer dominant value creation:

A theoretical response to the recent call for a consumer dominant logic for marketing[J]. European Journal of Marketing, 2015, 49(3/4): 532-560.

[143] FITZPATRICK M, DAVEY J, MULLER L, et al.. Value-creating assets in tourism management: Applying marketing's service-dominant logic in the hotel industry[J]. Tourism Management, 2013, 36: 86-98.

[144] PENG Y. A theoretical frame of management of customer participation during value co-creation with enterprises[J]. China Business and Market, 2014, 28(8): 70-76.

[145] PENG Y, GUAN T. A study on the impact of customer competence on customer's participation in value co-creation exemplified by house decoration industry[J]. Journal of Beijing University of Technology (Social Science Edition), 2016(1): 27-37.

[146] COVA B, PACE S, SKÅLÉN P. Brand volunteering: Value co-creation with unpaid consumers[J]. Marketing Theory, 2015, 15(4): 465-485.

[147] XIE L, GUAN X, ZHU Y. The effect of service orientation and customer value co-creation on customer need knowledge: the cross-level moderating effect of interaction orientation[J]. Journal of Marketing Science, 2015,(1): 85-100.

[148] LAAMANEN M, SKÅLÉN P. Collective–conflictual value co-creation: A strategic action field approach[J]. Marketing Theory, 2015, 15(3): 381-400.

[149] OSBORNE S P, RADNOR Z, STROKOSCH K. Co-production and the co-creation of value in public services: a suitable case for treatment?[J]. Public Management Review, 2016, 18(5): 639-653.

[150] ZHANG M, ZHAO X, VOSS C, et al.. Innovating through services, co-creation and supplier integration: Cases from China[J]. International Journal of Production Economics, 2016, 171: 289-300.

[151] PRAHALAD C K, RAMASWAMY V. Co-creating unique value with customers[J]. Strategy & leadership, 2004, 32(3): 4-9.

[152] AGRAWAL A K, RAHMAN Z. Roles and resource contributions of customers in value co-creation[J]. International Strategic Management Review, 2015, 3(1-2): 144-160.

[153] PAYNE A F, STORBACKA K, FROW P. Managing the co-creation of value[J]. Journal of the

Academy of marketing science, 2008, 36(1): 83-96.

[154] AMIT R, ZOTT C. Value creation in e-business[J]. Strategic management journal, 2001, 22(6-7): 493-520.

[155] EDVARDSSON B, TRONVOLL B, GRUBER T. Expanding understanding of service exchange and value co-creation: a social construction approach[J]. Journal of the Academy of Marketing Science, 2011, 39(2): 327-339.

[156] FÜLLER J. Refining virtual co-creation from a consumer perspective[J]. California management review, 2010, 52(2): 98-122.

[157] HSIAO C, LEE Y H, CHEN W J. The effect of servant leadership on customer value co-creation: A cross-level analysis of key mediating roles[J]. Tourism Management, 2015, 49: 45-57.

[158] WISE S, PATON R A, GEGENHUBER T. Value co-creation through collective intelligence in the public sector: A review of US and European initiatives[J]. Vine, 2012, 42(2): 251-276.

[159] GRÖNROOS C, RAVALD A. Service as business logic: implications for value creation and marketing[J]. Journal of Service Management, 2011, 22(1): 5-22.

[160] YANG Y. Analysis and design of service process of value co-creation enterprises[J]. China Market, 2013, (52): 24-26.

[161] OHERN M S, RINDFLEISCH A. Customer co-creation[M]//Review of marketing research. Emerald Group Publishing Limited, 2010: 84-106.

[162] 陈莹. 共创价值视角下虚拟品牌社区构建分析——以小米社区为例 [J]. 经济研究导刊, 2016(19) : 55-57.

[163] CHAKRABORTY S, BHATTACHARYA S, DOBRZYKOWSKI D D. Impact of supply chain collaboration on value co-creation and firm performance: a healthcare service sector perspective[J]. Procedia Economics and Finance, 2014, 11: 676-694.

[164] SCHMIDT-RAUCH S, NUSSBAUMER P. Putting value co-creation into practice: a case for advisory support[C]//ECIS. 2011: 138.

[165] IND N, COATES N. The meanings of co-creation[J]. European Business Review, 2013, 25(1): 86-95.

[166] CHATHOTH P, ALTINAY L, HARRINGTON R J, et al.. Co-production versus co-creation: A process based continuum in the hotel service context[J]. International Journal of Hospitality Management, 2013, 32: 11-20.

[167] GUSTAFSSON A, KRISTENSSON P, WITELL L. Customer co-creation in service innovation: a matter of communication?[J]. Journal of Service Management, 2012, 23(3): 311-327.

[168] TANEV S, KNUDSEN M, GERSTLBERGER W. Value co-creation as part of an integrative vision of innovation management[J]. Open Source Business Resource, 2009 (December 2009).

[169] VOORBERG W H, BEKKERS V J J M, TUMMERS L G. A systematic review of co-creation and co-production: Embarking on the social innovation journey[J]. Public Management Review, 2015, 17(9): 1333-1357.

[170] ÅKESSON M. Role constellations in value co-creation: a study of resource integration in an e-government context[D]. Karlstad,Sweden : Karlstad University, 2011.

[171] KOHLER T, FUELLER J, MATZLER K, et al.. Co-creation in virtual worlds: The design of the user experience[J]. MIS quarterly, 2011: 773-788.

[172] WU Y, XIAO J, XIE K, et al.. The marketing transformation from value provided to value co-creation: A dual case study of enterprise and consumer collaborative evolution[J] Management World, 2017 (4): 138-157.

[173] BRYMAN K R, READ S. Value co-creation: concept and measurement[J]. Journal of the Academy of Marketing Science, 2015, 44(3): 290-315.

[174] PREBENSEN N K, XIE J. Efficacy of co-creation and mastering on perceived value and satisfaction in tourists' consumption[J]. Tourism Management, 2017, 60: 166-176.

[175] RANJAN K R, READ S. Value co-creation: concept and measurement[J]. Journal of the Academy of Marketing Science, 2016, 44(3): 290-315.

[176] ANKER T B, SPARKS L, MOUTINHO L, et al.. Consumer dominant value creation: A theoretical response to the recent call for a consumer dominant logic for marketing[J]. European Journal of Marketing, 2015, 49(3/4): 532-560.

[177] ZHANG M, GUO L, HU M, et al.. Influence of customer engagement with company social

networks on stickiness: Mediating effect of customer value creation[J]. International Journal of Information Management, 2016.

[178] RIHOVA I, BUHALIS D, MOITAL M, et al.. Conceptualising customer-to-customer value co-creation in tourism.[J]. International Journal of Tourism Research, 2015, 17(4): 356–363.

[179] KOHLER T, FUELLER J, MATZLER K, et al.. Co-creation in virtual worlds: The design of the user experience[J]. MIS quarterly, 2011: 773-788.

[180] ZHANG M, GUO L, HU M, et al.. Influence of customer engagement with company social networks on stickiness: Mediating effect of customer value creation[J]. International Journal of Information Management, 2017, 37(3): 229-240.

[181] 武文珍, 陈启杰. 共创价值理论形成路径探析与未来研究展望 [J]. 外国经济与管理, 2012, 34(6): 66-73.

[182] POTTS J, HARTLEY J, BANKS J, et al.. Consumer co - creation and situated creativity[J]. Industry and Innovation, 2008, 15(5): 459-474.

[183] KIM M R, VOGT C A, KNUTSON B J. Relationships among customer satisfaction, delight, and loyalty in the hospitality industry[J]. Journal of Hospitality & Tourism Research, 2015, 39(2): 170-197.

[184] 张婧, 邓卉. 品牌共创价值的关键维度及其对顾客认知与品牌绩效的影响: 产业服务情境的实证研究 [J]. 南开管理评论, 2013, 16(2): 104-115.

[185] KEH H T, XIE Y. Corporate reputation and customer behavioral intentions: The roles of trust, identification and commitment[J]. Industrial marketing management, 2009, 38(7): 732-742.

[186] BOWEN J T, CHEN MCCAIN S L. Transitioning loyalty programs: a commentary on "the relationship between customer loyalty and customer satisfaction" [J]. International Journal of Contemporary Hospitality Management, 2015, 27(3): 415-430.

[187] BIGGEMANN S, WILLIAMS M, KRO G. Building in sustainability, social responsibility and value co-creation[J]. Journal of Business & Industrial Marketing, 2014, 29(4): 304-312.

[188] COSSÍO-SILVA F J, REVILLA-CAMACHO M Á, VEGA-VÁZQUEZ M, et al.. Value co-creation and customer loyalty[J]. Journal of Business Research, 2016, 69(5): 1621-1625.

[189] NYADZAYO M W, KHAJEHZADEH S. The antecedents of customer loyalty: A moderated mediation model of customer relationship management quality and brand image[J]. Journal of Retailing and Consumer Services, 2016, 30: 262-270.

[190] KAURA V, DURGA PRASAD C S, SHARMA S. Service quality, service convenience, price and fairness, customer loyalty, and the mediating role of customer satisfaction[J]. International Journal of Bank Marketing, 2015, 33(4): 404-422.

[191] ABOSAG I, FARAH M. Religiously Motivated Consumer Boycott: The Impact on Brand Image, Product Judgment and Customer Loyalty[M]//The Sustainable Global Marketplace. Springer, Cham, 2015: 167-167.

[192] 周文辉，林华，陈晓红. 共创价值视角下的创新瓶颈突破案例研究[J]. 管理学报，2016，13(6)：863-870.

[193] OREL F D, KARA A. Supermarket self-checkout service quality, customer satisfaction, and loyalty: Empirical evidence from an emerging market[J]. Journal of Retailing & Consumer Services, 2014, 21(2): 118-129.

[194] HAN H, HYUN S S. Customer retention in the medical tourism industry: Impact of quality, satisfaction, trust, and price reasonableness[J]. Tourism Management, 2015, 46(46): 20-29.

[195] CHERVONNAYA O. Customer role and skill trajectories in services[J]. International Journal of Service Industry Management, 2003, 14(3): 347-363.

[196] PFEIFER P E, HASKINS M E, CONROY R M. Customer lifetime value, customer profitability, and the treatment of acquisition spending[J]. Journal of managerial issues, 2005: 11-25.

[197] HOLLEBEEK L D, GLYNN M S, BRODIE R J. Consumer brand engagement in social media: Conceptualization, scale development and validation[J]. Journal of interactive marketing, 2014, 28(2): 149-165.

[198] ROY S K, BALAJI M S, SADEQUE S, et al. Constituents and consequences of smart customer experience in retailing[J]. Technological Forecasting & Social Change, 2016.

[199] LAY-HWA BOWDEN J. The Process of Customer Engagement: A Conceptual Framework[J].

Journal of Marketing Theory & Practice, 2009, 17(1): 63-74.

[200] PASWAN A K, D'SOUZA D, RAJAMMA R K. Value co-creation through knowledge exchange in franchising[J]. Journal of Services Marketing, 2014, 28(2): 116-125.

[201] FITZPATRICK M, DAVEY J, MULLER L, et al.. Value-creating assets in tourism management: Applying marketing's service-dominant logic in the hotel industry[J]. Tourism Management, 2013, 36: 86-98.

[202] FÜLLER J, HUTTER K, FAULLANT R. Why co - creation experience matters? Creative experience and its impact on the quantity and quality of creative contributions[J]. R&D Management, 2011, 41(3): 259-273.

[203] VIVEK S D. A scale of consumer engagement [D]. Alabama : The University of Alabama, 2009.

[204] SRINIVASAN V, PARK C S. Surprising robustness of the self-explicated approach to customer preference structure measurement[J]. Journal of Marketing Research, 1997, 34(2): 286-291.

[205] HAIR J F, TATHAM R L, ANDERSON R E, et al.. Multivariate data analysis [M].Upper Saddle River, NJ: Pearson Prentice Hall, 2006.

[206] BARON R M, KENNY, D A. The moderator-mediator variable distinction in social psychological research: Conceptual, strategic, and statistical considerations[J]. Journal of Personality and Social Psychology, 1986(51): 1173–1182.

[207] 温忠麟，张雷，侯杰泰．有中介的调节变量和有调节的中介变量 [J]．心理学报，2006，38(3)：448-452.

[208] NUNNALLY J C, BERNSTEIN I H. Psychological theory[M]. New York, NY: MacGraw-Hill, 1994.

[209] JAAKKOLA E, HAKANEN T.Value Co-Creation in Solution Networks[J]. Industrial Marketing, 2013, 42(1): 47-58.

[210] KANDAMPULLY J, SUHARTANTO D. Customer loyalty in the hotel industry: the role of customer satisfaction and image.[J]. International Journal of Contemporary Hospitality

Management, 2000, 10(6): 3-25.

[211] CHEN C F, WANG J P. Customer participation, value co-creation and customer loyalty–A case of airline online check-in system[J]. Computers in Human Behavior, 2016, 62: 346-352.

[212] TYNAN C, MCKECHNIE S, CHHUON C. Co-creating value for luxury brands[J]. Journal of Business Research, 2010, 63(11): 1156-1163.

[213] SHIRAHADA K, FISK R P. Broadening the concept of service: A tripartite value co-creation perspective for service sustainability[J]. Advances in service quality, innovation, and excellence proceedings of QUIS12, 2011: 917-926.

[214] GÖSSLING S, HAGLUND L, KALLGREN H, et al.. Swedish air travellers and voluntary carbon offsets: towards the co-creation of environmental value?[J]. Current Issues in Tourism, 2009, 12(1): 1-19.

[215] NAMBISAN S, BARON R A. Virtual customer environments: testing a model of voluntary participation in value co - creation activities[J]. Journal of product innovation management, 2009, 26(4): 388-406.

[216] ZOPIATIS A, CONSTANTI P, THEOCHAROUS A L. Job involvement, commitment, satisfaction and turnover: Evidence from hotel employees in Cyprus[J]. Tourism Management, 2014, 41(1): 129-140.

[217] BERTHON P, EWING M, HAH L L. Captivating company: dimensions of attractiveness in employer branding[J]. International Journal of advertising, 2005, 24(2): 151-172.

[218] 方杰，温忠麟，吴艳．基于结构方程模型的多层调节效应 [J]．心理科学进展，2018，26（5）：781-788.

[219] HADLEY P A, HOLT J K. Individual differences in the onset of tense marking: A growth-curve analysis [J]. Journal of Speech, Language, and Hearing Research, 2006, 49(5): 984-1000.

[220] 杨艳玲．共创价值型企业的服务流程分析和设计 [J]．中国市场，2013(52)：24-26.

[221] 万文海，王新新．共创价值的两种范式及消费领域共创价值研究前沿述评 [J]．经济管理，2013(1)：186-199.

[222] GRÖNROOS C, RAVALD A. Service as business logic: implications for value creation and

marketing[J]. Journal of Service Management, 2011, 22(1): 5-22.

[223] KUMAR V, SHAH D, VENKATESAN R. Managing retailer profitability—one customer at a time![J]. Journal of Retailing, 2006, 82(4): 277-294.

[224] OZTURKCAN S, AYDIN S, ATES M, et al.. Effects of Service Quality on Customer Satisfaction and Customer Loyalty: Example of Marmara University Hospital[J]. Ssrn Electronic Journal, 2009.

[225] CRONIN J J, BRADY M K, HULT G T M. Assessing the effects of quality, value, and customer satisfaction on consumer behavioral intentions in service environments[J]. Journal of retailing, 2000, 76(2): 193-218.

[226] KANDAMPULLY J, SUHARTANTO D. Customer loyalty in the hotel industry: the role of customer satisfaction and image[J]. International Journal of contemporary hospitality management, 2000, 12(6): 346-351.

[227] HARTER J K, SCHMIDT F L, HAYES T L. Business-unit-level relationship between employee satisfaction, employee engagement, and business outcomes: a meta-analysis[J]. Journal of applied psychology, 2002, 87(2): 268.

[228] LOVEMAN G W. Employee satisfaction, customer loyalty, and financial performance: an empirical examination of the service profit chain in retail banking[J]. Journal of service research, 1998, 1(1): 18-31.

[229] DICK A S, BASU K. Customer loyalty: toward an integrated conceptual framework[J]. Journal of the academy of marketing science, 1994, 22(2): 99-113.

[230] PETERSON R A, WILSON W R. Measuring customer satisfaction: fact and artifact[J]. Journal of the academy of marketing science, 1992, 20(1): 61.

[231] HALLOWELL R. The relationships of customer satisfaction, customer loyalty, and profitability: an empirical study[J]. International journal of service industry management, 1996, 7(4): 27-42.

[232] EDMANS A. Does the stock market fully value intangibles? Employee satisfaction and equity prices[J]. Journal of Financial economics, 2011, 101(3): 621-640.

[233] HARTER J K, SCHMIDT F L, HAYES T L. Business-unit-level relationship between employee satisfaction, employee engagement, and business outcomes: a meta-analysis[J]. Journal of applied psychology, 2002, 87(2): 268.

附录 A 关于顾客能力对顾客参与影响的调查问卷

尊敬的先生/女士：

您好！非常感谢您在百忙之中接受我们的问卷调查。本次调研旨在研究服务消费过程中顾客能力与顾客参与的关系，以便给企业提出合理化的管理建议。本问卷为匿名问卷，答案无对错之分，只要反映您的真实情况和感受即可，您所提供的资料仅供学术研究之用，回答将予严格保密，敬请放心填写。衷心感谢您的支持与合作，祝您身体健康，一切顺利！

第一部分

针对您选择的服务及其所在的服务企业，结合您在服务过程中的具体行为、感受和自己的理解对下列观点的同意程度进行评价，并在相应的数字上打"√"。（"非常同意"=7，"同意"=6，"有点同意"=5，"不能确定"=4，"有点不同意"=3，"不同意"=2，"非常不同意"=1。）

题项描述	非常同意	同意	有点同意	不能确定	有点不同意	不同意	非常不同意
（一）顾客能力							
知识能力							
1. 我能较好地将自己所学的专业知识应用到实践活动中	7	6	5	4	3	2	1

题项描述	非常同意	同意	有点同意	不能确定	有点不同意	不同意	非常不同意
2. 我自己会主动学习实践活动中所需的专业技能	7	6	5	4	3	2	1
3. 我会主动将自己所学的专业技能应用到实践活动中	7	6	5	4	3	2	1
创新能力							
4. 我能够对工作中现有的方法做出灵活运用,并创造性地提出新的方法	7	6	5	4	3	2	1
5. 我具备良好的发现问题和解决问题的能力	7	6	5	4	3	2	1
6. 我能够及时地发现工作中的问题	7	6	5	4	3	2	1
7. 我能够采取有效的措施解决工作中的问题	7	6	5	4	3	2	1
沟通能力							
8. 在服务过程中愿意花费时间向企业员工表达我的个人需求	7	6	5	4	3	2	1
9. 在服务过程中愿意花费时间向企业员工分享我的意见	7	6	5	4	3	2	1
10. 能够向服务企业提供建议以改善服务结果	7	6	5	4	3	2	1
(二)顾客偏好							
11. 随着交易次数的增加,我对该服务企业有一定情感上的偏爱	7	6	5	4	3	2	1
12. 我认同该服务企业所代表的价值观和生活方式	7	6	5	4	3	2	1
13 在其他服务企业有优惠的情况下,我仍会继续光顾该企业	7	6	5	4	3	2	1
(三)顾客参与							
信息交流							
14. 接受该项服务时,我能够清楚地向服务员工表达我的需求	7	6	5	4	3	2	1
15. 我能够向该服务企业提供完成该项服务所需的信息及相关材料	7	6	5	4	3	2	1
16. 在服务过程中,我传递给服务员工的信息是准确合理的	7	6	5	4	3	2	1

附录 A　关于顾客能力对顾客参与影响的调查问卷

题项描述	非常同意	同意	有点同意	不能确定	有点不同意	不同意	非常不同意
合作行为							
17. 在服务过程中，我能够配合服务员工的工作，以便顺利完成该项服务	7	6	5	4	3	2	1
18. 我总是能够认真履行该服务企业期望我完成的行为	7	6	5	4	3	2	1
19. 在服务过程中，我能够遵守该企业的相关规定，避免自己的行为对其他顾客产生不良的影响	7	6	5	4	3	2	1
人际交互							
20. 在服务过程中，我能够礼貌地和服务员工进行交流	7	6	5	4	3	2	1
21. 在服务过程中，如果服务员工表现好，我会赞美他们	7	6	5	4	3	2	1
22. 在整个服务过程中，我能够和这里的顾客、服务员工都相处融洽	7	6	5	4	3	2	1

第二部分：基本信息

本部分主要用于统计个人特征资料，答案绝不对外公布，请按照您的真实情况在相应的题项上打"√"。

1. 性别：

□男　　□女

2. 年龄：

□25 岁及以下　□26~35 岁　□36~50 岁　□51~60 岁　□60 岁以上

3. 最高学历：

□专科及以下　□本科　□硕士研究生　□博士研究生及以上

4. 月收入：
☐ 1500 元及以下　　☐ 1501~3000 元　　☐ 3001~6000 元
☐ 6001~10 000 元　　☐ 10 000 元以上

问卷到此结束，再次感谢您的合作与帮助！

附录 B　企业特质量表开发开放式问卷调查

尊敬的先生/女士：

您好！非常感谢您在百忙之中接受我们的问卷调查。本次调研旨在研究服务消费过程中企业特质如何进行测量。本问卷为匿名问卷，答案无所谓对错之分，只要反映您的真实情况和感受即可，您所提供的资料仅供学术研究之用，回答将予严格保密，敬请放心填写。衷心感谢您的支持与合作，祝您身体健康，一切顺利！

第一部分

问题：您认为应该从哪几个方面去评价服务企业中的企业特质？
（请您列举出不少于 5 个方面，并且按照重要性进行排序）

1.
2.
3.
4.
5.
6.
7.
8.
9.
10.

第二部分：基本信息

本部分主要用于统计个人特征资料，答案绝不对外公布，请按照您的真实情况在相应的题项上打"√"。

1. 性别：

□男　　□女

2. 年龄：

□25岁及以下　□26~35岁　□36~50岁　□51~60岁　□60岁以上

3. 最高学历：

□专科及以下　□本科　□硕士研究生　□博士研究生及以上

4. 月收入：

□1500元及以下　□1501~3000元　□3001~6000元

□6001~10 000元　□10 000元以上

5. 婚姻状况：

□未婚　□已婚无子女　□已婚有子女

6. 职位：

7. 在本单位工作年限：

问卷到此结束，再次感谢您的合作与帮助！

附录 C　企业特质测量初始问卷

尊敬的先生/女士：

您好！非常感谢您在百忙之中接受我们的问卷调查。本次调研旨在研究服务消费过程中企业特质如何进行测量。本问卷为匿名问卷，答案无所谓对错之分，只要反映您的真实情况和感受即可，您所提供的资料仅供学术研究之用，回答将予严格保密，敬请放心填写。衷心感谢您的支持与合作，祝您身体健康，一切顺利

第一部分

针对您所在的服务企业，结合您对该服务企业的认识和了解对下列观点的同意程度进行评价，并在相应的数字上打"√"。（"非常同意"=7，"同意"=6，"有点同意"=5，"不能确定"=4，"有点不同意"=3，"不同意"=2，"非常不同意"=1。）

题项描述	非常同意	同意	有点同意	不能确定	有点不同意	不同意	非常不同意
1. 本企业具有很高的社会知名度	7	6	5	4	3	2	1
2. 本企业具有很高的社会信任度	7	6	5	4	3	2	1
3. 我愿意向我的其他朋友介绍本企业	7	6	5	4	3	2	1
4. 我为在本企业工作而感到自豪	7	6	5	4	3	2	1
5. 本企业拥有明确的员工职业规划	7	6	5	4	3	2	1
6. 本企业拥有完善的奖惩机制	7	6	5	4	3	2	1

题项描述	非常同意	同意	有点同意	不能确定	有点不同意	不同意	非常不同意
7.员工清楚地知道自己的职责并认真负责自己的工作	7	6	5	4	3	2	1
8.本企业拥有严格的员工业务培训	7	6	5	4	3	2	1
9.本企业员工能够积极主动与顾客交流							
10.企业员工能够认真对待顾客的反馈意见	7	6	5	4	3	2	1
11.企业员工的沟通能力比较强	7	6	5	4	3	2	1
12.本企业中员工相处比较融洽	7	6	5	4	3	2	1

第二部分：基本信息

本部分主要用于统计个人特征资料，答案绝不对外公布，请按照您的真实情况在相应的题项上打"√"。

1. 性别：

□男　　□女

2. 年龄：

□25岁及以下　□26~35岁　□36~50岁　□51~60岁　□60岁以上

3. 最高学历：

□专科及以下　□本科　□硕士研究生　□博士研究生及以上

4. 月收入：

□1500元及以下　□1501~3000元　□3001~6000元

□6001~10 000元　□10 000元以上

5. 婚姻状况：

□未婚　□已婚无子女　□已婚有子女

附录C 企业特质测量初始问卷

6. 职位：

7. 在本单位工作年限：

问卷到此结束，再次感谢您的合作与帮助！

附录 D 关于顾客能力和企业特质对顾客参与影响的调查问卷（顾客版）

尊敬的先生/女士：

您好！非常感谢您在百忙之中接受我们的问卷调查。本次调研旨在研究服务消费过程中顾客能力和企业特质与顾客参与的关系，以便给企业提出合理化的管理建议。本问卷为匿名问卷，答案无所谓对错之分，只要反映您的真实情况和感受即可，您所提供的资料仅供学术研究之用，回答将予严格保密，敬请放心填写。衷心感谢您的支持与合作，祝您身体健康，一切顺利！

第一部分

针对您选择的服务及其所在的服务企业，结合您在服务过程中的具体行为、感受和自己的理解对下列观点的同意程度进行评价，并在相应的数字上打"√"。（"非常同意"=7，"同意"=6，"有点同意"=5，"不能确定"=4，"有点不同意"=3，"不同意"=2，"非常不同意"=1。）

题项描述	非常同意	同意	有点同意	不能确定	有点不同意	不同意	非常不同意
（一）顾客能力							
知识能力							
1. 我能较好地将自己所学的专业知识应用到实践活动中	7	6	5	4	3	2	1

附录 D 关于顾客能力和企业特质对顾客参与影响的调查问卷（顾客版）

题项描述	非常同意	同意	有点同意	不能确定	有点不同意	不同意	非常不同意
2. 我自己会主动学习实践活动中所需的专业技能	7	6	5	4	3	2	1
3. 我会主动将自己所学的专业技能应用到实践活动中	7	6	5	4	3	2	1
创新能力							
4. 我能够对工作中现有的方法做出灵活运用，并创造性地提出新的方法	7	6	5	4	3	2	1
5. 我具备良好的发现问题和解决问题的能力	7	6	5	4	3	2	1
6. 我能够及时地发现工作中的问题	7	6	5	4	3	2	1
7. 我能够采取有效的措施解决工作中的问题	7	6	5	4	3	2	1
沟通能力							
8. 在服务过程中愿意花费时间向企业员工表达我的个人需求	7	6	5	4	3	2	1
9. 在服务过程中愿意花费时间向企业员工分享我的意见	7	6	5	4	3	2	1
10. 能够向服务企业提供建议以改善服务结果	7	6	5	4	3	2	1
（二）顾客偏好							
11. 随着交易次数的增加，我对该服务企业有一定情感上的偏爱	7	6	5	4	3	2	1
12. 我认同该服务企业所代表的价值观和生活方式	7	6	5	4	3	2	1
13 在其他服务企业有优惠的情况下，我仍会继续光顾该企业	7	6	5	4	3	2	1
（三）顾客参与							
信息交流							
14. 接受该项服务时，我能够清楚地向服务员工表达我的需求	7	6	5	4	3	2	1
15. 我能够向该服务企业提供完成该项服务所需的信息及相关材料	7	6	5	4	3	2	1
16. 在服务过程中，我传递给服务员工的信息是准确合理的	7	6	5	4	3	2	1

题项描述	非常同意	同意	有点同意	不能确定	有点不同意	不同意	非常不同意
合作行为							
17. 在服务过程中，我能够配合服务员工的工作，以便顺利完成该项服务	7	6	5	4	3	2	1
18. 我总是能够认真履行该服务企业期望我完成的行为	7	6	5	4	3	2	1
19. 在服务过程中，我能够遵守该企业的相关规定，避免自己的行为对其他顾客产生不良的影响	7	6	5	4	3	2	1
人际交互							
20. 在服务过程中，我能够礼貌地和服务员工进行交流	7	6	5	4	3	2	1
21. 在服务过程中，如果服务员工表现好，我会赞美他们	7	6	5	4	3	2	1
22. 在整个服务过程中，我能够和这里的顾客、服务员工都相处融洽	7	6	5	4	3	2	1

第二部分：基本信息

本部分主要用于统计个人特征资料，答案绝不对外公布，请按照您的真实情况在相应的题项上打"√"。

1. 性别：

□男　　□女

2. 年龄：

□25岁及以下　□26~35岁　□36~50岁　□51~60岁　□60岁以上

3. 最高学历：

□专科及以下　□本科　□硕士研究生　□博士研究生及以上

附录 D　关于顾客能力和企业特质对顾客参与影响的调查问卷（顾客版）

4.月收入：
☐ 1500 元及以下　☐ 1501~3000 元　☐ 3001~6000 元
☐ 6001~10 000 元　☐ 10 000 元以上

问卷到此结束，再次感谢您的合作与帮助！

附录 E　关于顾客能力和企业特质对顾客参与影响的调查问卷（企业版）

尊敬的先生/女士：

您好！非常感谢您在百忙之中接受我们的问卷调查。本次调研旨在研究服务消费过程中顾客能力和企业特质与顾客参与的关系，以便给企业提出合理化的管理建议。本问卷为匿名问卷，答案无所谓对错之分，只要反映您的真实情况和感受即可，您所提供的资料仅供学术研究之用，回答将予严格保密，敬请放心填写。衷心感谢您的支持与合作，祝您身体健康，一切顺利！

第一部分：基本信息

本部分主要用于统计个人特征资料，答案绝不对外公布，请按照您的真实情况在相应的题项上打"√"。

1. 性别：

□男　　□女

2. 职业/职称：

3. 年龄：

□25岁及以下　□26~35岁　□36~50岁　□51~60岁　□60岁以上

4. 最高学历：

□专科及以下　□本科　□硕士研究生　□博士研究生及以上

5. 月收入：

□1500元及以下　□1501~3000元　□3001~6000元

附录 E 关于顾客能力和企业特质对顾客参与影响的调查问卷（企业版）

□ 6001~10 000 元   □ 10 000 元以上

6. 服务企业性质：

□国有企业   □私营企业   □外资或合资企业

7. 服务企业规模（员工人数）：

第二部分

针对您所在的服务企业，结合您的具体看法、感受和自己的理解对下列观点的同意程度进行评价，并在相应的数字上打"√"。（"非常同意"=7，"同意"=6，"有点同意"=5，"不能确定"=4，"有点不同意"=3，"不同意"=2，"非常不同意"=1。）

题项描述	非常同意	同意	有点同意	不能确定	有点不同意	不同意	非常不同意
（一）企业特质							
企业名望							
1. 本企业具有很高的社会知名度	7	6	5	4	3	2	1
2. 本企业具有很高的社会信任度	7	6	5	4	3	2	1
3. 我愿意向我的其他朋友介绍本企业	7	6	5	4	3	2	1
激励机制							
4. 本企业拥有完善的奖惩机制	7	6	5	4	3	2	1
5. 员工清楚地知道自己的职责并认真负责自己的工作	7	6	5	4	3	2	1
6. 本企业拥有严格的员工业务培训							
沟通特质							
7. 企业员工能够认真对待顾客的反馈意见	7	6	5	4	3	2	1
8. 企业员工的沟通能力比较强	7	6	5	4	3	2	1
9. 本企业中员工相处比较融洽	7	6	5	4	3	2	1

题项描述	非常同意	同意	有点同意	不能确定	有点不同意	不同意	非常不同意
（二）服务氛围							
10.本企业具有一系列有利于顾客的政策和规定	7	6	5	4	3	2	1
11.企业员工可以耐心帮助顾客	7	6	5	4	3	2	1
12.本企业内饰布置和摆设比较合理	7	6	5	4	3	2	1
13.有足够的企业员工为顾客提供服务	7	6	5	4	3	2	1
14.当员工需要服务时，能够较容易地接受服务	7	6	5	4	3	2	1

问卷到此结束，再次感谢您的合作与帮助！

附录 F 关于共创价值对顾客忠诚和员工工作绩效影响的调查问卷（顾客版）

尊敬的先生/女士：

您好！非常感谢您在百忙之中接受我们的问卷调查。本次调研旨在研究共创价值对顾客满意和顾客忠诚的关系，以便给企业提出合理化的管理建议。本问卷为匿名问卷，答案无所谓对错之分，只要反映您的真实情况和感受即可，您所提供的资料仅供学术研究之用，回答将予严格保密，敬请放心填写。衷心感谢您的支持与合作，祝您身体健康，一切顺利！

第一部分

针对您选择的服务及其所在的服务企业，结合您在服务过程中的具体行为、感受和自己的理解对下列观点的同意程度进行评价，并在相应的数字上打"√"。（"非常同意"=7，"同意"=6，"有点同意"=5，"不能确定"=4，"有点不同意"=3，"不同意"=2，"非常不同意"=1。）

题项描述	非常同意	同意	有点同意	不能确定	有点不同意	不同意	非常不同意
（一）共创价值							
享乐价值							
1. 我很享受参与服务的过程	7	6	5	4	3	2	1
2. 参与服务的过程是令人非常愉快的	7	6	5	4	3	2	1

题项描述	非常同意	同意	有点同意	不能确定	有点不同意	不同意	非常不同意
3. 参与服务的过程是十分有趣的	7	6	5	4	3	2	1
经济价值							
4. 在服务过程中可以得到更优质的服务	7	6	5	4	3	2	1
5. 在服务过程中可以得到更加个性化的服务	7	6	5	4	3	2	1
6. 在服务过程中可以得到更好的服务质量	7	6	5	4	3	2	1
关系价值							
7. 与服务企业建立更好的关系	7	6	5	4	3	2	1
8. 可以与服务企业更好地沟通	7	6	5	4	3	2	1
9. 可以与好朋友分享在服务企业的消费体验	7	6	5	4	3	2	1
顾客满意							
9. 参与服务的过程是十分满意的	7	6	5	4	3	2	1
10. 参与服务的过程符合自己的期望水平	7	6	5	4	3	2	1
11. 企业服务质量是令人满意的	7	6	5	4	3	2	1
顾客忠诚							
12. 总的来说，我对这家企业的服务感到满意	7	6	5	4	3	2	1
13. 我会推荐这家企业给别人	7	6	5	4	3	2	1
14. 我会经常光顾这家店	7	6	5	4	3	2	1

第二部分：基本信息

本部分主要用于统计个人特征资料，答案绝不对外公布，请按照您的真实情况在相应的题项上打"√"。

1. 性别：

☐ 男　　☐ 女

2. 年龄：

☐ 25岁及以下　☐ 26~35岁　☐ 36~50岁　☐ 51~60岁　☐ 60岁以上

附录 F 关于共创价值对顾客忠诚和员工工作绩效影响的调查问卷（顾客版）

3. 最高学历：

□ 专科及以下 　□ 本科 　□ 硕士研究生 　□ 博士研究生及以上

4. 月收入：

□ 1500 元及以下 　□ 1501~3000 元 　□ 3001~6000 元

□ 6001~10 000 元 　□ 10 000 元以上

问卷到此结束，再次感谢您的合作与帮助！

附录 G　关于共创价值对顾客忠诚和员工工作绩效影响的调查问卷（企业版）

尊敬的先生/女士：

您好！非常感谢您在百忙之中接受我们的问卷调查。本次调研旨在研究共创价值对员工工作满意度和员工工作绩效的关系，以便给企业提出合理化的管理建议。本问卷为匿名问卷，答案无所谓对错之分，只要反映您的真实情况和感受即可，您所提供的资料仅供学术研究之用，回答将予严格保密，敬请放心填写。衷心感谢您的支持与合作，祝您身体健康，一切顺利！

第一部分

针对您选择的服务及其所在的服务企业，结合您在服务过程中的具体行为、感受和自己的理解对下列观点的同意程度进行评价，并在相应的数字上打"√"。（"非常同意"=7，"同意"=6，"有点同意"=5，"不能确定"=4，"有点不同意"=3，"不同意"=2，"非常不同意"=1。）

题项描述	非常同意	同意	有点同意	不能确定	有点不同意	不同意	非常不同意
员工工作满意度							
9. 我对企业提供给顾客的服务感到满意	7	6	5	4	3	2	1
10. 这是一家不错的服务企业	7	6	5	4	3	2	1
11. 在这家企业工作我很享受	7	6	5	4	3	2	1

附录 G 关于共创价值对顾客忠诚和员工工作绩效影响的调查问卷（企业版）

题项描述	非常同意	同意	有点同意	不能确定	有点不同意	不同意	非常不同意
员工工作绩效							
12. 我能够很好地完成自己的工作	7	6	5	4	3	2	1
13. 为顾客提供服务的过程是十分愉悦的	7	6	5	4	3	2	1
14. 我能够与上级领导和顾客进行有效地沟通	7	6	5	4	3	2	1

第二部分：基本信息

本部分主要用于统计个人特征资料，答案绝不对外公布，请按照您的真实情况在相应的题项上打"√"。

1. 性别：

□男　　□女

2. 年龄：

□25 岁及以下　□26~35 岁　□36~50 岁　□51~60 岁　□60 岁以上

3. 最高学历：

□专科及以下　□本科　□硕士研究生　□博士研究生及以上

4. 月收入：

□1500 元及以下　□1501~3000 元　□3001~6000 元

□6001~10 000 元　□10 000 元以上

问卷到此结束，再次感谢您的合作与帮助！